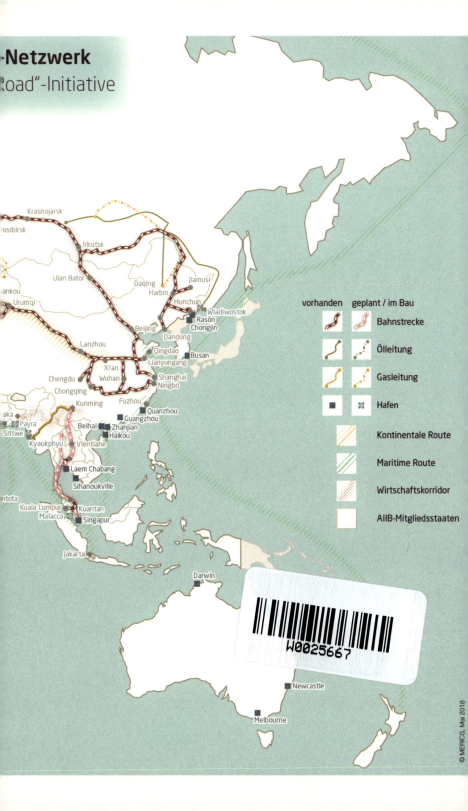

Doris Naisbitt · John Naisbitt
In Zusammenarbeit mit Laurence Brahm

# Im Sog der Seidenstraße

Doris und
John Naisbitt

In Zusammenarbeit
mit Laurence Brahm

# IM SOG
# DER
# SEIDEN
# STRASSE

Chinas Weg in eine
neue Weltwirtschaft

Aus dem Englischen
von Christoph Arndt

## LANGENMÜLLER

Alle Rechte vorbehalten
© für die deutschsprachige Ausgabe: 2019 LangenMüller in der F. A. Herbig Verlagsbuchhandlung GmbH, Stuttgart
Übersetzung: C. A. T. Translations Christoph Arndt, Wildberg
Lektorat: Martin Bruny, Wien, und Jörn Pinnow, Minden
Karte im Vorsatz: MERICS gGmbH, Berlin; www.merics.org
Abbildung Seite 106: Zeitverlag Gerd Bucerius GmbH & Co. KG/DIE ZEIT, Ausgabe 25. Mai 2018/Jelka Lerche
Abbildung Seite 42: privat
Umschlaggestaltung: STUDIO LZ, Stuttgart
Satz: VerlagsService Dietmar Schmitz GmbH, Kirchheim-Heimstetten
Druck und Binden: CPI books GmbH, Leck
Printed in Germany
ISBN 978-3-7844-3470-4

www.langen-mueller.de

# Inhalt

**Yi Dai Yi Lu — Chinas Belt & Road Initiative** 11

**Chinas Weg ins 21. Jahrhundert** 13

Nach dem Muster Chinas 18

Chinas Vision 19

**Chinas »Belt and Road Initiative« im chinesischen Kontext** 21

Ein Blick zurück 21

Harmonie im chinesischen Verständnis 22

Das Bild des eigenen Landes 24

Globalisierung neu erfinden zum Wohle aller? 25

Einladung zur Übernahme? 27

»Guanxi« auf globaler Ebene 27

Follow the Dragon 30

Vom Kopieren zum Kooperieren 31

Kein Geld — Keine Musik 32

Annäherung an die »Belt and Road Initiative« 33

Die Neue Seidenstraße, eine Win-win-Strategie als Grundlage? 35

Lokal denken, global handeln 38

Mut zu Trial and Error 41

Die Qualität der Exporte verbessern 43

Fortschritt auf noch höheren Ebenen 44

**Die »Belt and Road Initiative« im globalen Kontext 46**

Der politische Aspekt der »Belt and Road Initiative« 46

Die ökonomische Reichweite der
»Belt and Road Initiative« 49

Am Scheideweg/Wettlauf um die Märkte 51

Das neue Bild Chinas 53

China sieht sich in seiner Politik bestätigt 55

Erhalt des dynamischen Wachstums 58

Krieg mit China als Ausweg? 60

Wolken am Wirtschaftshorizont 61

Vernetzte Infrastruktur sichert Marktzugänge 62

Strategische Verlagerung des Wachstums 63

Chinas Risikoüberlegungen zur
»Belt and Road Initiative« 65

Denkhorizonte des Reichs der Mitte 68

**Regionale und internationale Zusammenarbeit statt
Konfrontation 70**

Wofür steht die »Belt and Road Initiative«? 70

Die historischen Wurzeln der »Belt and Road Initiative« 72

Die »Belt and Road Initiative«: Sechs Asien, Europa und
Afrika umspannende Wirtschaftskorridore 74

Chinas Rolle als Seemacht 81

Weltmacht ja, Kolonialmacht nein 83

Die Hauptdrehscheiben der »Belt and Road Initiative« 83

## Welche Kontinente sind an der »Belt and Road Initiative« beteiligt? 90

Afrika 90

Südamerika 94

Mittelamerika/Karibik 99

Mittlerer Osten 100

Zentralasien 103

Europa 105

Ozeanien und Südpazifik 109

## Die Sektorstrategien der »Belt and Road Initiative« 113

Die Energiestrategie 114

Die Energiepipelines der »Belt and Road Initiative« 115

Kraftwerksprojekte der »Belt and Road Initiative« 116

Handel unter dem Grünen Zertifikat 117

Der grüne Energieverbund der »Belt and Road Initiative« 118

Die Telekommunikationsstrategie der »Belt and Road Initiative« 120

Die Agrarstrategie der »Belt and Road Initiative« 122

Effizientes Arbeiten entlang der Seidenstraße 125

Wie die »Belt and Road Initiative« Geschäftsreisende unterstützt 127

Neue Ziele für Chinas boomende Tourismusindustrie 128

Zügige Eröffnung neuer Flugrouten 129

## Chinas »Belt and Road Initiative«-Strategien für seinen Binnenmarkt 131

Diversifizierung der chinesischen Wirtschaft und Steigerung der Auslandsinvestitionen 132

Bereitstellung von Geldmitteln 134

Koordination von Investitionen nach Regionen 135

Gegenseitiges Verständnis als Basis 137

»Guanxi« auf eine globale Ebene bringen 139

Das Überspringen von Entwicklungen in Infrastruktur und Technologie 140

## Wird der Yuan zu einer Leitwährung? 142

Die Internationalisierung des Yuan 143

Die Internationalisierung des Yuan als Teil der Exportstrategie der »Belt and Road Initiative« 144

Die Entwicklung einer alternativen Finanzarchitektur 145

Alte Muster ablegen 146

Künftige Risiken bei der Internationalisierung des Yuan 147

Wie der Yuan auf Reisen gehen wird 149

Swap-Abkommen in Ländern der »Belt and Road Initiative« und darüber hinaus 149

Der lange Marsch zur globalen Reservewährung 150

Drei finanzpolitische Fehler, die China nicht begehen wird 151

Kann der Yuan wirklich zur Leitwährung der »Belt and Road Initiative« werden? 153

## Umweltpolitik im Zeichen der »Belt and Road Initiative« 154

Wachstum nicht mehr um jeden Preis 155

Chinas innenpolitische Herausforderung 156

Gefahr der Landverödung 157

Ökonomische Unterentwicklung und ökologische
Zerbrechlichkeit gehen oft Hand in Hand 158

Die Chance auf eine Pionierrolle beim Umweltschutz 159

»Ökologische Zivilisation«: Chinas Version
einer nachhaltigen Entwicklung 160

Chinas neuer Plan im Detail 162

## Grüne Finanzen für eine grüne Seidenstraße 167

Die grüne Finanz- und Kreditpolitik der »Belt and Road
Initiative« 167

Grüne Projekte erfordern hohe Investitionen mit niedriger
Anfangstilgung 167

China: Game Changer für grüne Anleihen? 169

Das Konzept des Bruttoinlandsprodukts
wird neu gedacht 172

Überprüfung natürlicher Ressourcen als neue Bewertung
der Leistungen örtlicher Funktionäre 173

Die Entwicklung neuer Maßstäbe 175

Ein systemischer Wandel im Finanzierungsschema 175

Chinas Ansatz übernehmen 177

Die »Belt and Road Initiative« und grüne Grenzen bei der
Entwicklung 178

»Belt and Road Initiative«, ökologische Werte
und Bildung 179

Die »Belt and Road Initiative« und die
»Ökologische Zivilisation« ins rechte Licht gerückt 180

Die vielleicht größte Plattform der Welt
für Zusammenarbeit 181

## Die Neuerfindung der Globalisierung 183

Von »ausschließender« zu »integrativer«
Globalisierung 184

Greifbare Resultate durch die »Belt and
Road Initiative« 186

Ein Auszug der Erfolge der »Belt and Road Initiative« 187

Die Welt im Umbruch 189

Chinas methodisches Vorgehen 190

Die »Belt and Road Initiative« als geopolitische Strategie
und dazugehörige Sicherheitsbedenken 193

## Chronik der Seidenstraße 199

# Yi Dai Yi Lu
# 一 带 一 路
# One Belt, One Road (OBOR)
# Chinas Belt & Road Initiative (BRI)

China stellte sein Projekt erstmals im Jahr 2013 in Kasachstan als »Economic Belt along the Silk Road« vor und ergänzte es kurz darauf in Indonesien um die »21st Century Maritime Silk Road«. Der erste gebräuchliche Name war »One Belt, One Road«:

*One* YI *Belt* DAI – ein (Land-)Gürtel: steht für die Landkorridore der Seidenstraße.
*One* YI *Road* LU – eine Straße: steht für die maritime Seidenstraße.

Auf *One Belt, One Road* (OBOR) folgte die heute meist verwendete Bezeichnung *Belt and Road Initiative* (BRI).

China legt Wert darauf, dass es sich um keine Strategie handelt, sondern um eine Initiative zu wirtschaftlicher Kooperation und kulturellem Austausch. Kooperationen im Rahmen der BRI umfassen im Wesentlichen:
- die Entwicklung der Infrastruktur
- Investitionen und den Ausbau des Handels
- den Ausbau des Transportwesens
- Energieversorgung und natürliche Ressourcen
- Finanzsicherheit

# Chinas Weg ins 21. Jahrhundert

Wer China kennen und verstehen will, muss es bereisen. In den vergangenen Jahrzehnten verbrachten wir einen Großteil unserer Zeit in China. Je mehr Provinzen, Städte und Dörfer wir besuchten, desto klarer wurde uns, wie schnell sich China verändert, wie viel wir immer noch lernen können. Im Jahr 2006, mit der Gründung unseres Naisbitt-China-Instituts und einem Büro in der Tianjin-Universität für Finanzen und Wirtschaft, verstärkten wir unsere Zusammenarbeit mit Studenten, Professoren und Journalisten. In der Folge arbeiteten wir auch mit Teams in anderen Städten, die uns jeweils vor Ort unterstützten.

Bei unseren oft monatelangen Aufenthalten in fortschrittlichen, aber auch in noch unterentwickelten Regionen des Landes hatten wir das Privileg, mit lokalen Politikern, örtlichen Geschäftsleuten, Studenten und Menschen aus allen Schichten unzählige Gespräche führen zu können. Das gab uns einerseits die Gelegenheit, zu sehen, wie weit sich die Sicht der Politiker mit jener der betroffenen Menschen deckte, andererseits wurde uns bewusst, dass China nicht gleich China ist. Ganz wie dies in Europa der Fall ist, wo Schweden nicht wie Italien, Deutschland nicht wie Griechenland und Ungarn nicht wie Portugal ist.

Es half unserem Verständnis von China sehr, dass wir von 2008 an im Rahmen eines Buchprojektes eine Studie der sozial-ökonomischen Entwicklung und Reform in der Provinz Sichuan durchführten. Viel Zeit verbrachten wir dabei in Chengdu, der Hauptstadt der Provinz.

Chengdus Geschichte reicht bis in das 4. Jahrhundert vor Christus zurück, mehr als 2000 Jahre war Chengdu eines

*Chinas Weg ins 21. Jahrhundert*

der kulturellen Zentren des Landes. Heute ist es eine der wirtschaftlich wichtigsten, aber auch lebenswertesten Städte Chinas – und, wie von offizieller Seite immer wieder betont wird, eine Gartenstadt. Eine sehr große, denn der engere Stadtkreis Chengdus hat an die fünf Millionen Einwohner, im gesamten Umland sind es knapp über 15 Millionen. Außerdem ist Chengdu, wovon damals noch nicht gesprochen wurde, ein wichtiger Knotenpunkt der BRI.

In Europa ist Chengdu für seine Pandazucht und sein Panda-Forschungszentrum bekannt. Viel weniger bekannt ist, dass rund 50 Prozent aller Apple-iPads, mehr als 20 Prozent aller weltweit verkauften Computer und mehr als die Hälfte der Weltproduktion an Halbleiterchips aus Chengdu stammen. Cheng Gang Bian, Intels Vizepräsident und General Manager in Chengdu, mit dem wir uns bei unseren Besuchen viele Male über die unterschiedlichen Unternehmenskulturen in China und im Westen unterhalten haben, wird in diesem Jahrzehnt mehr als 1,6 Milliarden Dollar in die Aufrüstung seiner Fabriken investieren. Doch Intel ist nur eines der heute 278 in Chengdu niedergelassenen *Fortune 500*-Unternehmen. Und nicht nur Konzerne wie Siemens, auch deutsche Mittelständler, wie zum Beispiel der Industriegas-Hersteller Messer, haben das Potenzial Chengdus früh erkannt.

Für uns war Chengdu aber aus einem anderen Grund interessant. Im Kontext von Chinas Go-West-Strategie war das erklärte Ziel der lokalen Regierung, den Sprung von der Agrarwirtschaft und Armut direkt in das Informationszeitalter und zu Wohlstand für alle zu schaffen. Man war fest entschlossen, auch den bis dahin nur landwirtschaftlich genutzten Großraum Chengdus wirtschaftlich zu erschließen. Wir wollten sehen, mit welchen Maßnahmen man dieses Ziel erreichen würde.

*Chinas Weg ins 21. Jahrhundert*

Im Zentrum der Stadt waren es Industriecluster, die effizient Zulieferer und Endproduzenten verbanden und Aufschwung brachten. Hightechparks und Inkubationsnetzwerke förderten Hightech-Start-ups und Nachwuchstalente. Anders war die Situation im ländlichen Bereich. Hier wurde mit anderen Mitteln modernisiert, denn der alte Weg, die Migration der Bauern als Arbeiter in die Fabriken der bereits industrialisierten Küstenregionen des Landes, führte einerseits zur Trennung von Familien, Kindern und Eltern, und andererseits sank der Bedarf an Arbeitskräften mit der Steigerung der Produktivität und zunehmender Automatisierung. Die lokale Regierung setzte daher auf eine Reform der Eigentumsrechte und eine Steigerung der Produktivität und Qualität auch in der Landwirtschaft. So legten die Bauern in einem Gebiet unter der Führung einer jungen Parteisekretärin ihre meist kleinen, verstreuten Parzellen zusammen, um gemeinsam zu einem »Biodorf« zu werden, denn das Bewusstsein in Bezug auf und der Bedarf an biologisch produzierten Lebensmitteln stiegen rasch. In einem anderen Stadtteil Chengdus wurden zusammengelegte Parzellen zu einer riesigen Kiwiplantage, die es den Bauern unter der Führung von Fachleuten ermöglichte, die Produktivität und Effizienz zu steigern und qualitativ hochwertige Produkte zu liefern. Eine andere Gruppe von Bauern verkaufte an einen jungen, mutigen Unternehmer, der »Happy Farmlands«, ein Restaurant für 1000 Gäste, eröffnete und gleichzeitig damit neue Jobs für die ehemaligen Bauern schuf. Damit sie ihren neuen Aufgaben auch gewachsen waren, gab es Schulungen und laufende Fortbildung.

Um diese Veränderungen möglich zu machen, waren umfangreiche Investitionen nötig gewesen. Bei vorangegangenen Besuchen waren wir oft auf leeren, sechsspurigen Straßen zu verstreuten Gehöften und Dörfern gefahren.

*Chinas Weg ins 21. Jahrhundert*

Eine Infrastruktur ins scheinbare Nichts. Doch das Bild wandelte sich schnell. Mit dem Straßennetz schuf man die Voraussetzung für Unternehmen, sich anzusiedeln. Im Sog der Investitionen in die Infrastruktur folgten Investitionen in diverse Produktionsstätten, die neue Arbeitsplätze schufen. Mit den Arbeitsplätzen kam der Bedarf an Wohnungen für die Beschäftigten, Geschäfte und Restaurants folgten, ebenso Grundschulen und dann auch Gymnasien.

Wir erinnern uns an eine Schule, die gerade erst eröffnet worden war. Einige der Schüler interviewten uns für ihre Schülerzeitung, in ziemlich gutem Englisch. Um den Bildungsstandard möglichst hochzuhalten, wurden die Schüler in verschiedenen Gegenständen – wir waren bei einer Chemiestunde dabei – mittels Videoschaltung aus Schulen, die einen hohen Standard hatten, unterrichtet. Als wir uns auf dem Schulhof mit einigen Schülern unterhielten, erzählten sie uns, dass sie selbst kaum glauben konnten, wie groß der Unterschied zwischen ihrem Leben und dem einiger ihrer Großeltern doch sei. Ein Mädchen brachte es auf den Punkt: »Jedes Mal, wenn ich sie besuche, denke ich, ich wechsle von einem Jahrhundert ins andere.«

Wir haben Dörfer, die sich rund um Firmenniederlassungen bildeten, besucht, nicht nur in Chengdu und in der Provinz Sichuan. Selbst in Tibet, wo die Idee eines Bauern, wilde Walnüsse zu sammeln und daraus ein hochwertiges und hochpreisiges Öl zu pressen, neue Arbeitsplätze schuf, gab es den Willen und die Ideen, regionale Möglichkeiten geschäftlich zu nutzen. Tibet hat, wie China, viele Gesichter und Geschichten.

Auch in den Bergen rund um Peking war das Muster der wirtschaftlichen Belebung das gleiche. Mit einem guten Freund, Wang Wei, CEO von China Merger and Acquisition Association, und Vorsitzender der Asia Merger and Acqui-

*Chinas Weg ins 21. Jahrhundert*

sition Association, besuchten wir 2010 Zhu Xinli, den Gründer und Besitzer der China Huiyuan Juice Group, des größten privaten Getränkeherstellers des Landes. Die Firma hatte im hügeligen Umfeld Pekings Obstplantagen im größeren Stil gepflanzt und inmitten der Obstfelder ein Forschungs- und Besucherzentrum gebaut. Auch dort kamen im Sog der Investitionen zuerst die Wohnhäuser der Mitarbeiter, dann folgten Geschäfte und Restaurants.

Vor allem im ländlichen Raum ist das Miteinander ein wichtiges Element der Gemeinschaft. Tai-Chi im Park, essen und diskutieren, vieles davon findet im öffentlichen Raum statt. Auf einer kurzen Rundfahrt durch das abendliche Dorf sahen wir Frauen und Männer vor ihren Häusern sitzen oder in Teehäusern. Sie stellten Stühle und Tische auf Grünflächen und spielten Mahjong, ein altes und ziemlich komplexes chinesisches Spiel. Es schien, als würde es das Dorf schon lange geben.

Der soziale Zusammenhalt, der durch die Migration der jungen Leute aus Zentralchina und dem Hinterland in die Industriezentren Chinas empfindlich gestört worden war, wurde durch die wirtschaftliche Belebung vor Ort gefördert und ermöglicht.

Bei allem Fortschritt waren und sind natürlich nicht alle Projekte und Firmengründungen erfolgreich. Es handelt sich nicht bei allen um Investitionen im großen Stil, viele Klein- und Kleinstunternehmen entspringen dem Unternehmergeist, der in vielen Chinesen latent schlummert. Doch bei allen Fehlern und Fehlschlägen war eines klar: Im Sog neuer Niederlassungen wurden Dörfer, Städte und Regionen wirtschaftlich belebt und der Lebensstandard der Bewohner angehoben. Es ist, wie es ein Parteisekretär formulierte: »Wir bauen die Straßen, die Flughäfen, die Hochgeschwindigkeitszüge und die technische Infrastruktur, und dann kommen die Firmen.«

*Chinas Weg ins 21. Jahrhundert*

## Nach dem Muster Chinas

Es gibt viele Gründe, das Gelingen der BRI infrage zu stellen. Doch wer sich mit der Entwicklung Chinas in den letzten 40 Jahren auseinandersetzt, wird Fortschritt sehen, den man noch Jahre zuvor für unmöglich gehalten hat. Auch wir haben einige Vorhaben bezweifelt. Im Detail wirkte mancher Plan chaotisch und unkoordiniert, doch im Großen betrachtet baut kaum ein Land Flughäfen, Hochgeschwindigkeitszüge und Autobahnen schneller und effizienter als China.

Chinas Selbstbewusstsein, seine Überzeugung, Globalisierung neu definieren zu können, entspringt seiner eigenen Geschichte. Es ist kein leeres Versprechen, das China mit seiner BRI abgibt, sondern es ist auf dem eigenen wirtschaftlichen Erfolgsmodell gebaut. Mit Deng Xiaopings Aufruf zu einer Reform und Öffnung Chinas wurden Veränderungen möglich, die einen immer stärkeren wirtschaftlichen Sog erzeugten, der langsam auch das Hinterland Chinas erreichte.

Die Voraussetzungen entlang der Seidenstraße sind nicht direkt mit innerchinesischen Verhältnissen vergleichbar. Kultur, Geschichte und Weltbilder entlang der verschiedenen Routen der Seidenstraße stimmen selten überein, sind oftmals gegensätzlich. Chinas BRI möchte wirtschaftliche Voraussetzungen schaffen, die es Menschen ermöglicht, aufeinander zuzugehen. Die Vision Chinas ist es, Globalisierung so zu gestalten, dass nicht nur die Konzerne, sondern auch die Menschen davon profitieren. Das ist, wie wir uns überzeugen konnten, in Chengdu, als einem Beispiel von vielen, gelungen. Und auch wenn China mit seiner BRI durchaus eigene Interessen national und international bedient, werden im Sog der Seidenstraße staatliche und private Investitionen Staaten und Märkte beleben. Sie haben das Potenzial, jenen Ländern und Regionen den Weg ins 21. Jahrhundert zu ebnen, die bisher abseits internationaler Interessen und Handelswege gelegen waren und Menschen wenig Hoffnung auf ein besseres Leben geben konnten. Ein höherer Lebensstandard und besserer Zugang zu Bildung sind die Basis einer kulturellen Öffnung, die mehr Toleranz für unterschiedliche Denkweisen erlaubt und damit radikale Strömungen bremst.

## Chinas Vision

Im Laufe der letzten 20 Jahre hat China seine Position in jenen Ländern und Regionen, die heute unter dem Begriff »Belt and Road« zusammengefasst sind, langsam und beständig ausgebaut. Dabei haben die Routen der BRI die Dimensionen der antiken Seidenstraße weit hinter sich gelassen. »China bildet ein sehr auf das 21. Jahrhundert zugeschnittenes Imperium – eines, in dem Handel und Fremdkapital den Weg bereiten und nicht Flotten und Bodentruppen«, schrieb *Bloomberg* in einem Artikel im August 2018.

In diesem Vorhaben unterscheiden sich die Möglichkeiten Chinas sehr von den Wegen, die westliche Nationen beschreiten könnten. Präsident Xi Jinping und die Kommunistische Partei Chinas bauen auf langfristige Planung und die Festlegung eines Rahmens, in dem sich Unternehmen zwar frei bewegen können, dessen Grenzen und Richtlinien aber bindend sind.

Die Vorreiterrolle bei Chinas Investitionen in die BRI wird von chinesischen Staatsunternehmen übernommen, deren Kapital, wenn auch im Ausland eingesetzt, chinesi-

*Chinas Weg ins 21. Jahrhundert*

sches Vermögen bleibt. Chinas Privatwirtschaft wird den Schwerpunkt von Ankäufen im Ausland auf Inlandsprojekte lenken und Auslandsinvestitionen strategisch und in enger Anbindung an den vorgegebenen Rahmen in den Kontext der Seidenstraße stellen und realisieren.

In seinem Umfang geht das Projekt nicht nur weit über die verschiedenen Routen der alten Seidenstraße hinaus, es liegt ihm, anders als bei den alten Handelswegen, das Gesamtkonzept eines Entwicklungsprogramms in der Größenordnung von mehr als einer Billion US-Dollar zugrunde, und das innerhalb eines Jahrzehnts. Sein Konstrukt ist ein globales Netzwerk von Handelswegen, die über Land und Meer, neue Häfen, neue Zugstrecken und ein neues Straßennetz miteinander verbunden sind. Das erzeugt nicht nur für Chinas Unternehmen eine enorme Sogwirkung.

Chinas BRI wurde 2017 in die Verfassung der Kommunistischen Partei Chinas aufgenommen. Es ist Chinas Projekt des 21. Jahrhunderts und gilt bereits heute als das Vermächtnis von Präsident Xi Jinping. Ein Scheitern des Vorhabens ist im chinesischen Denken nicht vorgesehen und innenpolitisch nicht einmal denkbar.

# Chinas »Belt and Road Initiative« im chinesischen Kontext

## Ein Blick zurück

Einmal angenommen, die Gründerväter der Europäischen Wirtschaftsgemeinschaft (heute EWR) hätten im Jahr 1952 einen 50-Jahres-Plan und einen 70-Jahres-Plan verabschiedet, die dann auch von den Staaten der 1992 gegründeten Europäischen Union (EU) übernommen worden wären. Ziel des 50-Jahres-Plans wäre moderater Wohlstand für alle EU-Mitgliedsstaaten gewesen. Im 70. Jahr, also 2022, sollte das Endziel der EU, die wirtschaftlich dynamischste Region der Welt zu werden, erreicht werden. Um auf Kurs zu bleiben, hätte man mittels Fünf-Jahres-Plänen die jeweiligen Etappenziele festgesetzt und notwendige Korrekturen vorgenommen. Unter diesen Voraussetzungen wäre im Jahr 2018 das angestrebte Ziel so gut wie erreicht worden. Die EU hätte wirtschaftlichen Aufschwung und moderaten Wohlstand in alle seine Mitgliedsländer gebracht. Sie wäre als die dynamischste Region der Welt anerkannt.

Das ist, ziemlich vereinfacht dargestellt, der zeitliche Kontext, in dem China sich selbst sieht und in dem Chinas Führung plant und umsetzt. Natürlich hinkt der stark vereinfachte Vergleich, aber er zeigt Chinas unterschiedlichen zeitlichen Denkhorizont und seine klare Ausrichtung auf ein Ziel. »Tausend Richtungsänderungen vornehmen, aber das Ziel nicht aus den Augen verlieren«, so lautet ein chinesischer Leitspruch.

Das erste 100-Jahr-Ziel, das 1921 mit der Gründung der Kommunistischen Partei Chinas gesetzt wurde, definierte

*Chinas BRI im chinesischen Kontext*

man folgendermaßen: bescheidener Wohlstand des Landes, der die Grundbedürfnisse der Bevölkerung befriedigt. Entgegen manch westlichen Ansichten hat China mit dem außer Zweifel stehenden Erreichen dieses Zieles für sich selbst bewiesen, dass Wohlstand auch ohne Errichten einer Demokratie nach westlichem Vorbild erzielbar ist. Daraus resultierten das zunehmende Selbstbewusstsein und Durchsetzungsvermögen, mit welchen China mittlerweile auf der internationalen Bühne agiert. Die wirtschaftlichen Probleme und die Spaltung des Westens sowie der Rückzug Amerikas als Hüter der Stabilität und Wächter westlicher Werte schaffen zudem einen Freiraum, in den China nun seine BRI als neuen, gerechteren Ansatz zur Globalisierung stellt.

Das zweite 100-Jahr-Ziel, das mit der Gründung der Volksrepublik China im Jahr 1949 gesetzt wurde, lautet: »Die sozialistische Sache Chinas wird durch einen finalen Sieg gekrönt werden.« Oder wie von *Xinhua,* der Nachrichtenagentur der Regierung der Volksrepublik China, etwas moderner ausgedrückt: China wird »ein modernes sozialistisches Land, das wohlhabend, stark, demokratisch sowie kulturell fortgeschritten und harmonisch ist«. (bit.ly/2r8L6LU) Und, so fügen wir hinzu: das eine seinem Selbstverständnis und Selbstbild entsprechende Position in der Weltgemeinschaft einnimmt.

## Harmonie im chinesischen Verständnis

In Chinas Gesellschaft steht immer noch das Kollektiv, die Gemeinschaft, über dem Individuum. China sieht Dinge in einem Kontext. Während im Westen das Gleichheitsdenken dominiert, ist es in China jenes der Zusammenhänge. Diese

*Chinas BRI im chinesischen Kontext*

Art zu denken trifft auch auf seine außenpolitischen und geopolitischen Strategien zu, selbst wenn sie offiziell nicht als solche bezeichnet werden.

Die BRI ist im Kontext der sich verändernden, globalen Rolle Chinas zu sehen. Es führt in diesem Zusammenhang zu weit, um detailliert auf das strategische Denken Chinas einzugehen, doch aus der Geschichte des Landes kann man schließen, dass die BRI weder für Hegemonie noch für Kolonialisierung steht. Ein Ausbau des wirtschaftlichen und politischen Einflusses ist allerdings durchaus erwünscht. Dabei wird es unvorhergesehene Ereignisse geben, doch dem Zufall wird China bei seinem Plan, eine neue Weltordnung zu erreichen und Globalisierung neu zu definieren, nichts überlassen.

In diesem Plan wendet es unter anderem Strategien an, die im eigenen Land bereits erfolgreich umgesetzt wurden. Ungeachtet persönlicher Standpunkte zur Alleinherrschaft der Kommunistischen Partei Chinas zeigen die Fakten, dass China eines der größten Wirtschaftswunder der Weltgeschichte, ganz sicher in dieser Dimension, geschaffen hat. Mit diesem Wissen im Hintergrund vertritt China nun seine wirtschaftlichen und geopolitischen Ziele. In seiner Rede anlässlich des jährlichen Sommertreffens des Weltwirtschaftsforums in Davos stellte Premier Li Keqiang 2018 fest, dass »der chinesische Markt für jeden weitsichtigen Unternehmer zu groß geworden ist, um ihn zu ignorieren«. »China«, so sagte er aber auch, »heißt seinerseits Unternehmen aus aller Welt willkommen, um die Möglichkeiten, die Chinas Wachstum bietet, zu nutzen.«

*Chinas BRI im chinesischen Kontext*

## Das Bild des eigenen Landes

Teilt die Bevölkerung Chinas den »offiziellen« Optimismus? Eine Umfrage von *YouGov* ergab, dass von 17 Ländern China mit dem größten Optimismus in die Zukunft blickt. Mehr als 40 Prozent der Chinesen denken, dass die Welt besser wird. Damit sind sie viermal so optimistisch wie der weltweite Durchschnitt (zehn Prozent).

Auf die Frage, ob die Zeiten jetzt besser sind, würde so ziemlich jeder Chinese mit Ja antworten. Ein wenig ernüchternd ist der Blick auf die fünf größten EU-Staaten (Deutschland, Frankreich, Italien, Polen und Spanien). In einer im Oktober 2018 veröffentlichten Studie der Bertelsmann Stiftung vertraten 67 Prozent der Befragten die Auffassung, dass die Welt früher besser gewesen sei. In Deutschland sehen nur vier Prozent der Bevölkerung eine positive Zukunft für ihr Land. (bit.ly/2FlDM9u)

Selbst wenn man von persönlichen Erfahrungen der Verbesserung des Lebensstandards absieht, bestätigen die Fakten ein positives Bild Chinas. Mit Stand vom September 2018 erwirtschaftete China 30 Prozent des globalen Wirtschaftswachstums. Der chinesische Arbeitsmarkt umfasst 900 Millionen Menschen, in Chinas Städten werden jährlich 13 Millionen neue Jobs gegründet. 170 Millionen Chinesen verfügen über einen Universitätsabschluss oder sind ausgebildete Fachkräfte, jedes Jahr graduieren acht Millionen Studenten an Universitäten, weitere fünf Millionen schließen eine Berufsfachschule ab. Pro Tag werden im Schnitt 18 000 neue Unternehmen gegründet, die Wachstumsrate der Großunternehmen rangiert weiter im zweistelligen Prozentsatz. Im *Global Innovation Index* hat sich China von 2013 bis 2018 um 18 Plätze verbessert und damit auf Platz 17 vorgearbeitet (Schweiz: Platz 1; Deutschland: Platz 9; Österreich:

*Chinas BRI im chinesischen Kontext*

Platz: 21). Im *Global Competitive Index* belegt China Platz 28 (Deutschland: Platz 3; Schweiz: Platz 4; Österreich: Platz 22).

Die Superlative, die in vielen wirtschaftlichen Belangen auf China zutreffen, spiegeln sich auch in den Plänen zur BRI, deren Dimension ohne Beispiel ist. Die Einwohnerzahl aller beteiligten Staaten der BRI beläuft sich auf 4,4 Milliarden Menschen. Dies entspricht fast 63 Prozent der Weltbevölkerung und rund 40 Prozent des weltweiten Bruttoinlandsprodukts. (bit.ly/2qO8JJp)

Im Mai 2018 erreichte das Handelsvolumen zwischen China und den an der BRI beteiligten Staaten die Marke von fünf Billionen US-Dollar – 25,7 Prozent von Chinas gesamtem Außenhandelsvolumen. (bit.ly/2Gmbj49) China ist der wichtigste Handelspartner von 25 Staaten der BRI, darunter auch Deutschland mit einem Handelsvolumen von 187 Milliarden Euro. (bit.ly/2Qd4821)

Die an der BRI beteiligten Staaten haben 82 Wirtschafts- und Handelskooperationen mit einem Gesamtvolumen von nahezu 30 Milliarden US-Dollar unterzeichnet und 3995 Unternehmen gegründet, die 244 000 neue Jobs schufen und ein Steueraufkommen von zwei Milliarden US-Dollar haben. Chinas Fokus liegt dabei auf bilateralen Abschlüssen. Ein Handelsabkommen, das alle an der BRI beteiligten Staaten einschließt, scheint derzeit ziemlich unwahrscheinlich.

## Globalisierung neu erfinden zum Wohle aller?

Nicht nur die Dimension der BRI ist beispiellos. Die Veränderungen, die mit ihr einhergehen, sind nicht die Folge von multinationalen Entwicklungen, sondern werden von China strategisch geplant und umgesetzt. Dabei bleibt als übergeordnetes Ziel die Neudefinition von Globalisierung und

*Chinas BRI im chinesischen Kontext*

eine neue, seiner wirtschaftlichen und politischen Bedeutung gerecht werdende Rolle auch in Global Governance.

Aus der Sicht Chinas ist die heutige Globalisierung mit
Modernisierung unter der Dominanz des Westens gleichzu-
setzen. Das offiziell gesetzte Ziel Chinas ist es, mit seiner
BRI die Welt dezentralisiert zu modernisieren, frei von
Kolonialisierung, Imperialismus und dem Streben nach
Hegemonie.

Hätte China die Möglichkeit gehabt, den Kontext für eine
Renaissance seiner einstigen Weltmachtstellung zu schaffen,
hätte es wohl kaum ein besseres Szenario wählen können.
Die Globalisierung hat die Welt enger zusammengebracht,
aber das hatte seinen Preis. Komplexität und Geschwindigkeit des Wandels haben zugenommen, viele fühlen sich
abgehängt – und sind es auch tatsächlich. Während eine
große, aufstrebende globale Mittelschicht in China, Brasilien, Indien und Indonesien profitiert hat, fühlen sich die
Menschen am unteren Rand der Schwellenländer, aber auch
jene der unteren Mittelschicht in den Industrienationen als
die Verlierer.

So manche westlichen Politiker wenden sich hin zu einer
Anti-Globalisierung und protektionistischen Politik. Dieses
Bild bestätigt eine Umfrage der Bertelsmann Stiftung, die
ergab, dass 53 Prozent der befragten Europäer sich politisch
eher rechts der Mitte sehen und überzeugt sind, dass Einwanderer Einheimischen Jobs wegnehmen. 78 Prozent
gehen so weit zu sagen, dass »Einwanderer sich nicht in die
Gesellschaft integrieren möchten«. Dass der Begriff »alte
Welt« längst im buchstäblichen Sinn des Wortes als »alt«
interpretiert, eine Vergreisung aber nur durch Immigration
ausgeglichen werden kann, wird dabei gern übersehen.
Anstatt Chancen zu öffnen, schafft populistische Angst-
macherei neue Unsicherheit.

26

## Einladung zur Übernahme?

Jenseits des Ozeans erweist sich die nationalistische, protektionistische Einstellung Präsident Trumps offensichtlich als ermutigend für Europas Rechtspopulisten. Die orientierungslose Außenpolitik Amerikas, die lähmende Polarisierung und die Abkehr von internationalen politischen Organisationen kommen für China einer Einladung zur Übernahme der Führungsposition in der globalen Gemeinschaft gleich.

Während Donald Trump internationale Handelsabkommen mit China, Mexiko und anderen Ländern als »Katastrophe« für die Vereinigten Staaten bezeichnet, betont Chinas Staatspräsident Xi Jinping, dass der Prozess der wirtschaftlichen Globalisierung redefiniert und neu gestaltet werden muss. China werde weiterhin Teil der Entwicklung sein, das multilaterale Handelssystem fördern, danach streben, es integrativer zu machen und unterprivilegierte Regionen und verarmte Bevölkerungsgruppen zu unterstützen.

## »Guanxi« auf globaler Ebene

Es ist Chinas erklärte Absicht, neue Wege der wirtschaftlichen sowie kulturellen Vernetzung zu gestalten und dadurch die Globalisierung mit neuen Lösungen und Leitlinien zum Wohle aller zu reformieren. Auch wenn dieses ideale Bild in der Realität so manchen Riss erleiden wird, liegt China tatsächlich viel daran, in der Weltgemeinschaft respektiert, wenn nicht sogar gemocht zu werden. Es möchte Anerkennung dafür, Millionen Menschen aus der Armut zu zumindest bescheidenem Wohlstand geführt zu haben.

*Chinas BRI im chinesischen Kontext*

Es ist keine Frage, dass Chinas BRI die Tür zu einer Entwicklung auf breiter Front öffnet. Ungeachtet aller politischen, ideologischen und politischen Bedenken verbessert Infrastruktur das Leben der Menschen in den Schwellenländern unmittelbar. Chinas riesige und kostengünstige Infrastrukturprojekte verbinden Asien mit Europa, dem Nahen Osten und Teilen Afrikas und schaffen die Basis zum Erschließen neuer Märkte. Eines der vielen Beispiele dafür ist die chinesische Firma Jinhua Huajiang, die 2011 in der Nähe von Addis Abeba eine Schuhfabrik baute und 2018 rund 5000 afrikanische sowie 130 chinesische Mitarbeiter beschäftigt und Schuhe in die USA exportiert.

Chinas Afrikapolitik ist, wie seine gesamte BRI, keine Ansammlung loser Projekte, sondern Teil eines zusammenhängenden Gesamtkonzeptes. Eine Strategie, die in der deutschen und auch in der europäischen Auslandspolitik noch nicht zu erkennen ist. Dennoch sind auch die chinesischen Investitionen nicht vor überzogenen Erwartungen gefeit. (bit.ly/2QREJrv) Jedes Projekt mit großem wirtschaftlichen Potenzial birgt nicht nur Chancen, sondern auch Risiken, die mit der Größe der Projekte steigen. Unberechenbar regierte Länder schaffen auch bei Nichteinmischung in innere Angelegenheiten Hürden, die schwer zu überwinden sind. Dessen ist sich China wohl bewusst. Und ebenso der Tatsache, dass es einen Geist der Gemeinsamkeit über alle ethnischen, kulturellen und ideologischen Grenzen hinweg schaffen muss. Der gemeinsame Nenner kann nur wirtschaftlicher Fortschritt sein.

Chinas Zusicherung, auf gleicher Augenhöhe zu kooperieren, ist ein hehres Ziel, das sich erst in der Praxis bewähren muss. Ohne die Bereitschaft der Kooperationspartner, Risiken gemeinsam zu tragen und Probleme einvernehmlich zu lösen, wird das Projekt kaum nachhaltig sein. Solidarität ist der Mörtel, der die einzelnen Ziegel erst zum stabilen Konstrukt macht, und ein zentrales Element, wenn es darum geht, Verträge und Absprachen zu machen und Teilnehmer als Partner zu gewinnen.

Kaum ein Chinese kommuniziert heute ohne Freundschaftskreis. Freunde schließen sich zu Gruppen zusammen, die wiederum mit anderen Gruppen Freundschaftsgruppen bilden. WeChat, ein Chatdienst der chinesischen Firma Tencent, den auch wir in der geschäftlichen und privaten Kommunikation mit China nutzen, hat sich zum komplexesten und umfangreichsten Freundschaftsnetzwerk aller Zeiten entwickelt.

Auch wer das Land kaum kennt, weiß wahrscheinlich um den Stellenwert von »Guanxi«, einen Begriff, der in China das Netzwerk persönlicher Beziehungen bezeichnet. China hat zum Aufbau von Beziehungen generell einen anderen Zugang als der Westen. Chinesen sind im Allgemeinen darauf konditioniert, sich im Verbund mit dem Gesamten zu verstehen. Ein Chinese fühlt sich am wohlsten, wenn er innerhalb seines eigenen Zirkels agiert. Als erfolgreich gelten Chinesen dann, wenn sie imstande sind, Beziehungen zu balancieren. Das gilt sowohl im inneren Kreis (Familie, Freunde, Geschäftsfreunde) als auch in der eigenen strategischen Positionierung in Zirkeln anderer. In einen längeren Zeitrahmen gestellt, baut die BRI darauf, dass der Kreis der guten Beziehungen Chinas immer globaler und stabiler wird.

Die 2018 von der Österreichischen Akademie der Wissenschaften publizierte Studie *Rom und China: Weltreiche als komplexe Netzwerke* beschreibt als wichtigstes Ergebnis, dass »sich sowohl im alten China als auch im Römischen Reich [...] Handels- und Verkehrsnetzwerke als relativ widerstandsfähig gegenüber dem Ausfall einzelner zentraler Knoten (Städte) erwiesen«. Die Studie konnte nachweisen,

*Chinas BRI im chinesischen Kontext*

dass die einstigen Strukturen der beiden Weltreiche den komplexen Netzwerken der Gegenwart, wie dem Internet, entsprachen. (bit.ly/2QUz0kD)

## Follow the Dragon

Chinas Netzwerke sind komplex sowie weiträumig und reichen oft weit in die Vergangenheit zurück. Als wir im Jahr 2013 eine Rede für eine Konferenz Präsident Nursultan Nasarbajews zum Thema »Globaler Wandel« vorbereiteten, wussten wir nicht, dass China in Kasachstan seinen Plan für die BRI zum ersten Mal präsentieren würde. Doch auch wenn dies die erste offizielle Verlautbarung der BRI war, handelte es sich keinesfalls um die Stunde null. China hatte bereits ein Netzwerk internationaler Beziehungen aufgebaut, vor allem mit Afrika. Die erste China-Afrika-Konferenz auf Ministerebene hatte im Jahr 2000 unter Präsident Jiang Zemin stattgefunden. Das Forum für China-Afrika-Kooperation (FOCAC), das seit damals in einem Dreijahresrhythmus abgehalten wird, wurde mit 35 afrikanischen Staaten im Jahr 2006 gegründet. Foren mit zentral- und südasiatischen Staaten sind bereits fest etabliert. Im Juni 2018 wurde der bereits vierte Gipfel der Gemeinschaft der Lateinamerikanischen und Karibischen Staaten (CELAC) in Macau abgehalten.

Es wird nicht gelingen, China von der Schlüsselposition zu verdrängen, die es sich in vielen Staaten, die an der BRI beteiligt sind, erworben hat. Aber es kann durchaus profitabel sein, den Wegen der wirtschaftlichen Expansionen und Investitionen des Landes zu folgen. Oder wie es ein chinesischer Freund ausdrückte: You cannot beat the Dragon, but you can follow him.

## Vom Kopieren zum Kooperieren

Wo wären die Globalisierung und die Weltmärkte heute, hätte China westliche Technologien nicht kopiert und als Startbrett für seinen wirtschaftlichen Aufstieg und seine Entwicklung zu einer künftigen technologischen Supermacht benützt?

Wenn Chinas staatliche und private Firmen heute in Schwellenländern Investitionen tätigen und Kooperationen eingehen, sind sie sich bewusst, dass fortschrittliche Technologien und Know-how geteilt werden müssen, um die BRI zu einem Erfolg zu führen. Es reicht nicht, Infrastruktur und finanzielle Mittel bereitzustellen, Umweltmanagement und einen engeren kulturellen Austausch anzubieten. Erst die Summe aller Maßnahmen, so die erklärte Absicht Chinas, wird zu einem besseren Verständnis und damit effizienteren Umgang mit wirtschaftlichen und politischen Unsicherheiten und Herausforderungen führen.

Chinas Strategie, eine gemeinsame Basis mit Partnern zu schaffen, ist einerseits seine zentralisierte, andererseits seine flexible Vorgangsweise. Abgesehen von der Grundbedingung, dass China involviert sein muss, gibt es keine genauen Richtlinien für eine Qualifikation als Projekt der BRI. Und so manches Projekt hat dabei mehr als die BRI zum Vater. Vom Westen kritisiert, von den Schwellenländern begrüßt, stellt China keine Vorbedingungen an Regierungen. Es hat eine größere Toleranz in Bezug auf soziale Standards und lässt einen großen Spielraum in Bezug auf Zahlungs- und Rückzahlungsmodalitäten zu. Oder, wie es ein China-Insider ausdrückte: »China bringt die Banken mit.« Und die werden dringend gebraucht.

*Chinas BRI im chinesischen Kontext*

## Kein Geld — Keine Musik

Gemäß Schätzungen der Asian Development Bank sind bis 2030 infrastrukturelle Investitionen von 26 Billionen US-Dollar erforderlich, alleine um Asiens Wachstum und Anpassungen an den Klimawechsel zu finanzieren. Schätzungen, das notwendige Investment betreffend, reichen von ein bis acht Billionen US-Dollar. Bei diesen Einschätzungen spielen sowohl unrealistische Erwartungen wie auch eine schmeichelnde Haltung gegenüber Peking eine Rolle. Man sollte nicht vergessen, dass die BRI ein bewegtes Ziel ist und China sich nicht scheuen wird, es auf »1000 Wegen« zu erreichen, falls notwendig. Und es sollte sich niemand wundern, wenn die BRI bis 2049, dem 100. Jahrestag der Gründung Chinas, seinen Höhepunkt erreicht und China gemäß dem Ziel von Präsident Xi Jinping sich »hoch entwickelt, reich und mächtig präsentiert«.

Allerdings kann man bei allem Wohlwollen und allen positiven Stellungnahmen vonseiten Chinas nicht außer Acht lassen, dass die BRI noch nicht so offen und weltumspannend ist, wie China sie beschreibt. Der Einsatz aller Mittel geht von China aus, und China stellt seine Interessen durchaus nicht in den Hintergrund. In diesem Punkt unterscheidet es sich allerdings kaum von westlichen Staaten.

Kritisiert wird, dass von China finanzierte Projekte lokalen und internationalen Firmen noch nicht im selben Ausmaß offenstehen wie chinesischen Unternehmen. Laut *Reconnecting Asia Database* ist das keine rein emotionale Einschätzung. 86 Prozent chinesischen Unternehmen stehen nur 7,6 Prozent lokale Unternehmen gegenüber; 3,4 Prozent sind ausländische Firmen. Im Vergleich dazu ist der Anteil jener Unternehmen, die von der Asiatischen Entwicklungsbank (China ist Anteilseigner mit 6,4 Prozent) und anderen multilateralen Entwicklungsbanken finanziert sind, zu ca. 30 Prozent chinesisch, 40 Prozent lokal und 30 Prozent ausländisch.

In Anbetracht des unglaublichen Investitionsbedarfs und der daraus für Unternehmen aus allen Teilen der Welt entstehenden Möglichkeiten ist es angebracht, realistisch zu denken, um Chancen und Risiken zu bewerten. China stellt eigene Interessen in den Vordergrund, doch wir warnen davor, China moralisierend zu begegnen. Man braucht nicht allzu weit in die Geschichte der USA und Europas zurückzugehen, um eine etwas ernüchternde Sicht auf die Motive zu bekommen. Im Jahr 1882 verabschiedete der US-Kongress den *Chinese Exclusion Act*, der chinesische Einwanderer aus Amerika fernhielt und erst 1965 wieder aufgehoben wurde. In den Kellern der Geschichte von Amerikas reichsten und angesehensten Familien ist so manche »Opium-Leiche« begraben. China hat das nicht vergessen. Es kommt daher einfach nicht gut an, wenn sich der Westen als Hüter einer weltweit gültigen Moral präsentiert. Genau dieser kulturelle Background ist oftmals eine ernste Hürde in Verhandlungen mit chinesischen Unternehmen und Unternehmern.

## Annäherung an die »Belt and Road Initiative«

Unsere erste Begegnung mit Chinas Initiative zur Wiederbelebung der alten Seidenstraße erfolgte 2013 in Kasachstan, und während der Recherchen zu unserem Buch *Machtwende* 2014 kündigte Chinas staatliche Nachrichtenagentur *Xinhua* eine Serie namens »Neue Seidenstraße, neue Träume« an, welche über die kulturelle und historische Bedeutung der Seidenstraße und Chinas Vision davon zu informieren versprach. Eine erste Karte zeigte den »Wirt-

*Chinas BRI im chinesischen Kontext*

schaftsgürtel Seidenstraße« und den »Seeweg der Seidenstraße des 21. Jahrhunderts«.

Im März 2016 erhielten wir eine Einladung, als Gastprofessoren an der Pekinger Fremdsprachenuniversität zu wirken. Man überließ uns die Wahl des Themas, das wir mit den Studenten erarbeiten würden. Wir entschieden uns für die Neue Seidenstraße oder, wie sie damals bereits von den chinesischen Medien bezeichnet wurde, die BRI. Wir waren ursprünglich davon ausgegangen, dass das Wissen über die Neue Seidenstraße und das Interesse an ihr in der chinesischen Bevölkerung weitverbreitet sein müsste, da die ökonomische und geografische Vision der BRI große Auswirkungen auf China und die Welt haben würde. Hier hatten wir uns geirrt. In zahlreichen Interviews mit Menschen aus allen gesellschaftlichen und intellektuellen Kreisen stellten wir nur geringes Wissen und kein allzu großes Interesse fest. Die Ursache dafür liegt unserer Ansicht nach nicht in dem eigentlichen Projekt selbst begründet, sondern in dem Mangel an einfachen und ansprechenden Informationen darüber: Berichten, die es den Menschen ermöglichen, sich mit der Vision zu identifizieren.

Im Jahr 2014 schrieb *Xinhua*: »Die Seidenstraße wird China und allen Ländern, die nach Fortschritt streben, an ihrem Weg neue Perspektiven und eine neue Zukunft eröffnen.« Projekte und Visionen müssen indes nicht bloß ein Verständnis über grundlegende Fakten und große Maßstäbe vermitteln. Die BRI muss sich vom Traum und der Vision der chinesischen Führungsspitze zum Traum und zur Vision des chinesischen Volkes entwickeln, zu denen es eine emotionale Beziehung aufbauen und woran es teilhaftig werden kann.

Unser vorrangiges Ziel im Rahmen der Gastprofessur war, die Studenten mit unseren, also westlichen Recherchemethoden vertraut zu machen. Kein einfaches Unterfangen, wenn man weiß, dass das chinesische Bildungssystem noch immer von »richtigen« und »falschen« Antworten dominiert wird.

Während der fünf Monate, die für unser Projekt anberaumt waren, realisierten wir, wie wenig selbst jene chinesischen Studenten, die zu einem Großteil im Ausland und auch in Ländern der BRI tätig sein würden, über dieses Jahrhundertprojekt ihres Landes wussten. Das war wohl auch der Punkt, der unseren chinesischen Verlag schließlich überzeugte, dem Thema ein Buch zu widmen. Unser Ziel war es, einen klar strukturierten Überblick über das geografische und wirtschaftliche Fundament der BRI zu präsentieren und das Potenzial und die Risiken für China und die beteiligten Länder, Regionen und Städte zu beschreiben. Und nicht zuletzt die Chancen für Firmen und Unternehmer, die sich für eine Beteiligung interessieren und von der Initiative profitieren möchten.

## Die Neue Seidenstraße, eine Win-win-Strategie als Grundlage?

Ein wesentlicher Einwand gegen Chinas BRI sind aktuelle religiöse und ethnische Krisen. In asiatischen und afrikanischen Staaten tragen politische Konflikte und Kleptokraten, die vor allem in die eigene Tasche wirtschaften, in zunehmendem Maß zur Radikalisierung junger Menschen bei. Gewalt und Terrorismus sind jedoch nicht allein das Resultat unterschiedlicher Abstammung und fundamentaler Religionen. Fehlt ein Ventil zum Abbau von Frustrationen angesichts von Armut, ethnischer und sozialer Ausgrenzung, greifen Menschen zu extremen Methoden. Probleme dieser Art müssen an ihrer Wurzel bekämpft werden, indem man Bildung ermöglicht, wirtschaftliche Möglichkeiten schafft und für ein zumindest im Ansatz entwickeltes Gesundheitswesen sorgt. Zugang zu Bildung ist ein Schlüssel zur Anerkennung von ethnischer und individueller Vielfalt, zur Entwicklung von Identität und Selbstachtung.

Natürlich verfügt China nicht über ein Rezept zur Beseitigung jahrhundertealter Konflikte zwischen religiösen und stammesspezifischen Gruppierungen. Doch es versteht aufgrund eigener Erfahrung, dass wirtschaftlicher Fortschritt und das Vertrauen auf eine Verbesserung der eigenen Lebensbedingungen die Grundlage für den Aufbau stabiler politischer und sozialer Verhältnisse sind.

Mit seiner im Jahr 2000 lancierten Go-West-Strategie baute China auf wirtschaftlichen Fortschritt, um seine westlichen Provinzen zu stabilisieren und Wohlstand ins Hinterland zu bringen. Wie bereits eingangs beschrieben, konnten wir uns 2010 selbst davon überzeugen, als wir uns im Rahmen unserer Recherchen Chinas Hinterland, also Zentral- und Westchina, zuwandten. Wir verbrachten rund einenhalb Jahre vor allem in Sichuan und beschrieben die Reformen dort als ein Dreieck, in dessen Mitte eine Aufwertung individueller Rechte stand. Wohlbemerkt aus chinesischer, nicht aus westlicher Sicht. Die drei Seiten standen für eine Reform der Eigentumsrechte, die Weiterentwicklung der »Grassroots Democracy« (eine Direktwahl der örtlichen Politiker mit Beurteilung nach Leistung) und eine Gleichstellung in öffentlichen Dienstleistungen.

Der wirtschaftliche Aufschwung, der durch die Go-West-Strategie erzielt werden konnte, war und ist beeindruckend. Und wenn auch die Vorzeichen heute anders sind, folgte der Aufbau doch dem Muster, nach dem sich vor 40 Jahren zuerst Chinas Süden und dann seine Küstenregionen im Osten entwickelten.

*Chinas BRI im chinesischen Kontext*

Mit seinen eigenen Erfahrungen und Erfolgen im Hintergrund verfügt Chinas BRI über den Willen und das Potenzial, krisengeschüttelten Ländern Geschäftschancen zu eröffnen. Wirtschaftlicher Aufschwung und eine Verbesserung der Lebensbedingungen auch für die unteren Schichten sind die einzige Hoffnung, dass Länder wie Pakistan und Afghanistan sich langsam von gefährlichen Risikofaktoren zu Hoffnungsträgern entwickeln könnten. Einschränkend dazu muss allerdings gesagt werden, dass Chinas Han-Ethnie 92 Prozent der Bevölkerung stellt und viele Konflikte, mit denen andere Länder zu kämpfen haben, nicht oder nur in bestimmtem Umfang und bestimmten Regionen auftreten.

Dennoch kann und soll ein ähnlich positives Szenario auch für viele andere Nationen, vor allem in Zentralasien und Afrika, skizziert werden. China ist Hauptgeldgeber für die umfangreichen Infrastrukturprojekte, die das Grundgerüst der BRI bilden. Und wirtschaftlicher Aufschwung und zumindest eine Verbesserung der Chancengleichheit sind und bleiben Grundbedingungen für eine Beruhigung von Konflikten.

Auch wenn China sich nicht in die Politik einzelner Länder einmischt, wird es seinen politischen Einfluss geltend machen, um die wirtschaftlichen und geopolitischen Ziele seiner Initiative zu erreichen. Wie wir in *Global Game Change* geschrieben haben, bewegen wir uns von einer westlich orientierten zu einer multizentrischen Welt, in der China eine führende Rolle übernimmt. In diesem Sinn soll die BRI eine tragende Säule bei der Entwicklung einer multipolaren Weltordnung, bei der Diversifizierung in wirtschaftlichen Strukturen und der Stabilisierung volatiler Regionen und Länder werden. Im Idealfall kann sie maßgeblich zu einer ausgewogeneren Verteilung von Wohlstand beitragen. Nicht durch Hilfsleistungen, sondern durch die Schaffung von Bedingungen, die Menschen befähigen, ihr Schicksal in die eigenen Hände zu nehmen und ihre Würde zu wahren.

## Lokal denken, global handeln

Vor einigen Jahren lernten wir Harro von Senger kennen, einen Schweizer Sinologen und ausgewiesenen Fachmann auf dem Gebiet der strategischen Denkweise der Chinesen. In seinen zahlreichen Büchern über China half er interessierten Lesern, den Begriff des »Moulüe« zu verstehen und ihn in einen ganzheitlichen Zusammenhang zu stellen. Seiner Überzeugung nach sollte die westliche Welt »nicht nur die ethische Autorität Konfuzius kennen, sondern auch den virtuosen Strategen Zhuge Liang«.

Während sich viele – nicht zuletzt dank der weltweiten Konfuzius-Institute, die China gegründet hat – mit Konfuzius beschäftigten, ist die Zahl derer klein geblieben, die sich mit Chinas großer historischer Tradition der Strategen von Jiang Taigong über Sunzi bis Zhuge Liang vertraut machten. Dennoch sind deren strategische Ideen nicht weniger tiefgründig als jene eines Machiavelli oder Clausewitz. Es mag auf den ersten Blick weit gegriffen erscheinen, doch hierüber Bescheid zu wissen, ist hilfreich, um die dem Handeln Chinas zugrunde liegenden Konzepte und Strategien besser zu verstehen.

Chinas Strategen betonen die Bedeutung, politische Interessen mit jenen »des Himmels und der Erde« in Einklang zu bringen. Oder einfacher gesagt, darauf Rücksicht zu nehmen, wie sich Maßnahmen auf die Lebensumstände der Menschen auswirken.

*Chinas BRI im chinesischen Kontext*

In den 20 Jahren, die wir uns intensiv mit Chinas Entwicklung und Denkweise beschäftigen, bestätigte sich immer wieder, dass eines der größten Risiken darin liegt, sich nicht mit der ganz eigenen Grundhaltung Chinas auseinanderzusetzen. Das gilt sowohl in Hinblick auf Chinas Führung als auch auf seine Geschäftswelt. Zahlreiche Bücher haben sich mit den Dos & Don'ts und dem oftmals unterschiedlichen Zugang zu Verträgen und Vereinbarungen auseinandergesetzt.

Ein irreführender Zugang zur Denkweise Chinas wäre es, anzunehmen, die BRI sei eine aus dem Nichts geborene Idee, denn natürlich steht eine langfristigere und tiefere Strategie dahinter als eine bloße Renaissance vom Geist und dem Handel auf der alten Seidenstraße.

Schon mit Beginn seiner Öffnung in den 1980er-Jahren hatte China nicht nur den wichtigsten Megatrend jener Zeit erkannt, nämlich den Wandel von einer Industrie- zu einer Informationsgesellschaft, sondern diesen auch als tragende Säule seiner aufstrebenden Wirtschaft zu nutzen gewusst. Hiervon profitierten der öffentliche und der private Sektor Chinas gemeinsam mit den ausländischen Multis, die frühzeitig in den chinesischen Markt einstiegen. Dabei sollte man die große Bedeutung von Marken im chinesischen Denken im Sinn behalten. Eine große Zahl multinationaler Unternehmen hat ganz bewusst in Kauf genommen, über Jahrzehnte im Chinageschäft kaum Gewinne, nicht selten sogar Verluste einzufahren. Aber sie waren präsent, ihre Marke hat sich in den Köpfen der Chinesen eingeprägt. Und das lange, bevor die Bewunderung für alles, was aus dem Westen kommt, langsam zu schwinden begann.

Wir haben im Lauf der Jahre mit einer ganzen Reihe von multinationalen Unternehmern gesprochen, die heute vom frühen Markteintritt ihres Unternehmens profitieren. Nicht

**39**

*Chinas BRI im chinesischen Kontext*

nur Cheng Gang Bian, Intels Vizepräsident und General Manager in Chengdu, meinte, dass es ab dem höheren Management trotz aller westlichen Einflüsse oft ein bis zwei Jahre interner Schulung bedarf, bis ein chinesischer Mitarbeiter internationale Kriterien für Führungskräfte erfüllen kann. Ab dem mittleren Management sind selbst heute noch viele Positionen mit Chinesen aus Hongkong, Taiwan oder dem Ausland besetzt. Auch dabei ist sich China seiner Mankos bewusst. Sein »Foreign Expert Program« und diverse Förderprogramme für Talente laufen in vielen Städten und auf vielen Ebenen. Von Nobelpreisträgern und multinationalen CEOs abwärts werden Experten aus aller Welt eingeladen, Chinas Führung direkt zu beraten oder an einem der zahlreichen Expertenprogramme der »State Administration of Foreign Experts« teilzunehmen.

China begrüßt, was das Land vorwärtsbringt, und verwirft, was dem Selbstbild von der Zukunft des Landes nicht entspricht. Im Großen und im Kleinen, auf lokaler und nationaler, politischer Ebene, in seinen Staatsunternehmen und in der Privatwirtschaft. Ist ein solcher Vorteil für China nicht ersichtlich, wäre es eine Illusion, sich große Chancen auszurechnen. China ist absolut bereit, Leistung anzuerkennen, aber es stellt die Wertigkeit in den Kontext seiner eigenen Bedürfnisse.

Mit China Geschäfte zu machen, bedeutet übrigens auch, auf relativ ungewöhnliche Abläufe einzugehen. Das reicht von Varianten in Verträgen bis zu Meetings an Sonn- und Feiertagen, spätabends und manchmal bis in die Nacht.

## Mut zu Trial and Error

Einer der strategisch wichtigen Leitsprüche Chinas lautet: »Crossing the river by feeling the stones« (»Nach den Steinen tastend den Fluss durchqueren«). Das trifft auf die BRI insofern zu, als man sich jedes bereits vorhandenen »Steins« bedient, um ans jeweils andere Ufer zu gelangen. Korrekterweise müsste der Fluss also im Plural stehen. Stillstand gibt es nicht.

Ohne dieses Herantasten an Lösungen wären Chinas Reform und Öffnung unter Deng Xiaoping kaum möglich gewesen. Zu viel an Neuland, nicht nur wirtschaftlich, sondern auch historisch gesehen, musste betreten werden. Chinas Jahrzehnte des starken Wachstums wurden 1995 von einem der Verfasser dieses Buchs, John Naisbitt, in *Megatrends Asien: Acht Megatrends, die unsere Welt verändern* vorausgesagt. Darin wurden sowohl der Aufstieg Asiens unter der Führung Chinas als auch die lange Talfahrt Japans beschrieben. Von Chinas Wandel von einer Industrie- zu einer Informationsgesellschaft profitierten der öffentliche und der private Sektor Chinas und jene ausländischen Multis, die frühzeitig in den chinesischen Markt einstiegen und so an Chinas boomender Wirtschaft teilhatten. Schon damals bereitete China den Boden zur Schaffung einer neuen Weltordnung auf, dessen Weg nicht Schritt für Schritt plan- und vorhersehbar war. Wie schnell sich China heute bewegt, lässt sich etwa daran messen, dass im Jahr 2013 zwei chinesische Unternehmen unter den 20 weltgrößten Technologieunternehmen waren, heute jedoch bereits neun.

Vor beinahe zehn Jahren beschrieben wir Chinas System als eine Kombination aus Kommunismus und Kapitalismus, wobei es beides geschickt jongliert. Erklärend muss eingefügt werden, dass sich »Kommunismus« in China nicht mit der westlichen Vorstellung von Kommunismus deckt und de facto kaum Kommunisten in China zu finden sind. Dennoch, die unantastbare Stellung der Kommunistischen Partei Chinas erlaubt eine hohe Effizienz, der wirtschaftliche Freiraum für die Bürger Chinas sorgt für die Umsetzung offiziell erstellter Wirtschaftsziele.

Es ist auch nichts Neues, dass China seine Fühler nach neuen Märkten ausstreckt. Und das keinesfalls im Geheimen. Im Juni 2012 beschrieb die *Financial Times* unter dem Titel »Chinese exporters seek new markets« den Trend zu einem Neuentwurf von Chinas Handelswegen: »Chinas Exporte könnten Schwellenländern denselben Auftrieb für Investitionen geben, den es der Konsumation in der industrialisierten Welt gab.«

Es liegt in Chinas kontextueller Denkweise und Planung, dass rückständige Nationen und Entwicklungsländer von Chinas Investitionen und seinem aufstrebenden Handel profitieren werden. Um deren Wachstum zu fördern, wird China in Infrastruktur und Kommunikationstechnik investieren. Denn es weiß nur zu gut aus eigener Erfahrung, dass solche Investitionen entscheidend sind, um öffentlichen wie privaten Investoren einen Zugang zu ermöglichen. Im Gegenzug wird China über den Vorteil des Erstanbieters verfügen, wenn es in diese Märkte vorstößt, dabei sein eigenes Infrastrukturmodell anbietet und so den Weg für seine eigenen Investments ebnet. Auf diese Weise werden chinesische Investoren von Early-Bird-Investitionen und einer frühen Marktpositionierung in aktuell unterbewerteten Volkswirtschaften profitieren, die bis jetzt keinen wirtschaftlichen Aufbruch erleben durften. China kann und wird der Funke sein, der ihren Aufbruch befeuert, und es wird erneut profitieren, sobald die Erträge zurückfließen.

Auf den folgenden Seiten möchten wir Chinas interne grundlegende Strategie erläutern, die der BRI zugrunde liegt, wie auch die Ziele, die China für sich erreichen will.

## Die Qualität der Exporte verbessern

China ist für seine Rolle als »Werkhalle der Welt« bekannt, die es in den 1990er-Jahren einnahm. Sie leitete Chinas Vormachtstellung bei Produktion und Export billiger und kostengünstiger Artikel von Schuhen über Spielwaren und Pflanztöpfe bis zu Bekleidung ein. Aber China ging noch weiter. Wo immer Sie auf der Welt Luxuswaren kaufen, ob von Armani, Joop, Prada, Burberry oder Boss, wird Ihnen das Etikett verraten, dass sie in China hergestellt wurden. Es mutet paradox an, dass chinesische Touristen in Wien, New York, Paris oder Mailand mit Einkaufstaschen, auf denen hochkarätige Markennamen prangen, beladen zu ihren Bussen zurückkehren und Made-in-China-Produkte reimportieren. Chinas Fertigung und Handel wurden größtenteils auf einer Kombination aus Chinas niedrigeren Lohnkosten und seinem effizienten Transportnetzwerk aufgebaut, das wiederum durch seine immer ausgedehntere Hafen- und Versandinfrastruktur ermöglicht wurde.

Während des letzten Jahrzehnts ging China den Weg einer Industrienation. Die Lohnkosten kletterten infolge einer Verknüpfung von Verordnungen, steigenden Löhnen und Sozialleistungen. Steigende Kosten für urbanes Wohnen ließen den Ruf nach höheren Gehältern noch lauter werden. Obwohl dies als ein Nachteil angesehen werden könnte, sind Chinas steigende Arbeitskosten die Folge seines eigenen wirtschaftlichen Erfolgs.

Es ist zudem eine Tatsache, dass China im Prozess der Urbanisierung nicht länger eine Generation von ungebildeten Bauern zur Verfügung steht, die nur darauf brennt, als Wanderarbeiter in den Fabriken unterzukommen. Vielmehr besitzt es eine junge Erwerbsbevölkerung mit hohem Bildungsniveau, die in sämtlichen Technologien Hervorragendes leistet: Telekommunikation, Naturwissenschaften, Maschinenbau, Luft- und Raumfahrt, künstliche Intelligenz, Architektur und urbanes Design. Chinas überaus ehrgeizige Jugend geht mit großer Aggressivität daran, diese Bereiche für sich zu erobern. Sie lässt sich keinesfalls in die Fabriken zurückholen, um ein Leben lang Schuhe, Pullover oder Spielzeug herzustellen.

## Fortschritt auf noch höheren Ebenen

Um sich an Chinas Entwicklung und seine immer besser qualifizierte Erwerbsbevölkerung anzupassen, plant die chinesische Staatsführung gezielt, Wertigkeit und Qualität seiner Produktion zu steigern und von Massenfertigung auf Hightechprodukte und Dienstleistungen umzusatteln. Chinas Ausfuhren in Staaten der BRI umfassen daher Produkte in den Bereichen Next-Generation-Flughafentechnik, Hochgeschwindigkeitsbahnnetze, Technologien für

*Chinas BRI im chinesischen Kontext*

erneuerbare Energieträger sowie eine unter ökologischen Gesichtspunkten geplante urbane Architektur, um nur einige Punkte zu nennen.

Ein Schwerpunkt von Chinas künftigen Exporten werden neue Technologien für eine smarte Infrastruktur sein, während es ältere Niedriglohn-Arbeitsmärkte in gegenwärtig unterentwickelte Märkte innerhalb des BRI-Netzwerks auslagert. Diese Märkte liegen auf einem deutlich niedrigeren Kompetenzniveau und wiederholen jene Entwicklung, die China in seinem eigenen Reifeprozess durchlief. Der komparative Wettbewerbsvorteil werden niedrige Lohnkosten bei gleichzeitiger hoher Qualifikation in Prozessen manueller Verarbeitung und Montage sein. Auf diese Weise wird China ebenso von Rückflüssen aus diesen Investitionen profitieren wie die Arbeiter und Unternehmer in unterentwickelten und aufstrebenden Volkswirtschaften.

Es ist typisch für Chinas strategisches und ganzheitliches Denken, dass seine Orientierung darauf gerichtet ist, Chancen zu erkennen und Ergebnisse zu erzielen, und nicht darauf, Problemlösungen zu suchen.

# Die »Belt and Road Initiative« im globalen Kontext

Chinas Wille und politische Fähigkeit zu einer langfristigen strategischen Planung zählen zu seinen effektivsten Werkzeugen. Doch nicht einmal Sunzi, der berühmte chinesische General, Militärstratege und Autor des Werks *Die Kunst des Krieges,* wäre in der Lage gewesen, jenes Szenario zu planen, in dem China die nächsten Schritte setzt, um seine BRI des 21. Jahrhunderts zu realisieren.

Das nicht vorhersehbare Ereignis war die Präsidentschaftswahl 2016 in den Vereinigten Staaten. Denn der wahre Sieger dieser Wahl war weder Trump noch die Partei der Republikaner, sondern China. Es bestand kein Zweifel, dass China jede denkbare Energie für die Verwirklichung seiner BRI aufbieten würde, doch der Wechsel in der US-Politik verlieh Chinas wachsender Bedeutung in der globalen Gemeinschaft neue Dynamik und spielt China direkt in die eigenen Interessen. Und dies gleich unter drei Aspekten: Politik, Wirtschaft und Imagepflege.

## Der politische Aspekt der »Belt and Road Initiative«

Als China seinen Reform- und Öffnungsprozess einleitete, standen den USA gerade ihre besten Jahre als Weltmacht bevor. Der Zerfall der Sowjetunion 1991 machte Amerika zum globalen Hegemonen, der scheinbar jene Rolle festigte und ausbaute, die er während und nach dem Ende des Zweiten Weltkrieges erworben hatte.

Während die Hegemonie der USA zu strahlen begann, gab sich China smart und analytisch in seiner Strategie zur

*Die BRI im globalen Kontext*

Erreichung seines Ziels des wirtschaftlichen Aufstiegs. Über 30 Jahre lang sog China praktisch alles an verfügbarem Know-how und Können zum Aufbau seiner eigenen Kapazitäten, Strukturen und Industrien auf. Zur gleichen Zeit ging es seinen eigenen Weg mit der Entwicklung eines Systems, das Plan- und Marktwirtschaft miteinander verband. Ohne ideologische Scheuklappen entschloss sich China zu einem pragmatischen Kurs und nutzte alle vorhandenen Ressourcen zum Aufbau einer nachhaltigen Wirtschaft. Seit Beginn der Marktreformen betrug seine BIP-Wachstumsrate im Durchschnitt fast zehn Prozent pro Jahr – dies ist das schnellste anhaltende Wachstum einer großen Volkswirtschaft in der Geschichte.

Doch trotz all dieser Leistungen Chinas verteidigten die USA weiter ihre Rolle als die beherrschende Weltmacht, wenngleich sich für jene, die einen Blick hinter die glänzende Fassade warfen, in den letzten zehn Jahren das Ende der amerikanischen und westlichen Dominanz abzuzeichnen begann.

Die führende Rolle, die die USA auf der Weltbühne spielten, ging nicht mit wirtschaftlichem Wachstum ihrer Mittelschicht einher. Einkommen stagnierten. Die soziale Mobilität verlangsamte sich, die Menschen fühlten sich im Stich gelassen. Globalisierung ist für viele Durchschnittsamerikaner nicht länger eine Chance, sondern eine zunehmende Bedrohung.

Es ist eine Ironie der Geschichte, dass der Präsident der Vereinigten Staaten, die bei bahnbrechenden Innovationen nach wie vor an erster Stelle stehen, glaubt, die USA könnten China durch die Rückkehr zu Technologien des 20. Jahrhunderts auf Distanz halten. Der Blick auf seine industrielle Vergangenheit wird Amerika seinen Glanz nicht zurückbringen. Oder, um mit Konfuzius zu sprechen: »Die Erfah-

**47**

*Die BRI im globalen Kontext*

rung ist wie eine Laterne im Rücken. Sie beleuchtet stets nur das Stück Weg, das wir bereits hinter uns haben.« Wie beschrieben, ist es das Ziel Chinas, mittels seiner zunehmenden Innovationsstärke und im Rahmen seiner BRI Handelswege umzugestalten und den Welthandel neu zu definieren. Doch die BRI ist mehr als bloß die Schaffung von Infrastruktur, die Anschluss an Häfen, Straßen und Schienen schafft. Sie ist ein Konsens von Ländern, die nicht Teil des alten, gescheiterten Washington-Konsenses und Bretton-Woods-Systems sein wollen.

Die Ungewissheit der aktuellen politischen Situation in den USA untergräbt deren politisches Gewicht. Sie erschüttert Amerikas Position als Anker und Beschützer des Westens, aber auch jene als Ratgeber und Wirtschaftsmotor für Entwicklungsländer. Für viele Schwellenländer, die nicht sicher waren, wohin die Reise geht, ist China heute in der Position, ein wesentlich willkommeneres Gegengewicht zur westlichen Dominanz bieten zu können. Nicht weil China diesen Platz beansprucht, sondern weil er allmählich frei wird und China der einzige logische Anwärter ist. Dieser politische Unterschied ist ein ganz wesentlicher Aspekt.

Viele Länder des Globalen Südgürtels sind unzufrieden damit, dass Washington sie schulmeistert und sich in ihre inneren Angelegenheiten einmischt, ohne auch nur die leiseste Ahnung von den kulturellen, ethnischen, regionalen oder indigenen Feinheiten und Anspielungen zu haben, die Teil der täglichen Kommunikation und des Sozialgefüges sind, die der Wirtschaftsgemeinschaft und Politik zugrunde liegen. Trotz Chinas ausgeprägt profitorientierter Wirtschaftsagenden ist es für Schwellenländer einfacher, mit China zu arbeiten. China will zu seinen Bedingungen Handel treiben und behandelt das Thema auf seine Art.

Auf der Grundlage einer langfristigen strategischen Planung bereitete China, als sich die Gelegenheit bot, den Boden und kann jetzt auf einer zügigen Annahme der neu geschaffenen Finanz- und Wirtschaftsordnung aufbauen. Dennoch liegt der größte Fortschritt für China in der Chance, ethische Akzeptanz als Weltmacht zu erlangen – als globaler Leader im Freihandel und, wer hätte das noch vor ein paar Jahren gedacht, als tonangebender Umweltschützer. Man stelle sich vor: die Verjüngung des Reichs der Mitte, gestärkt durch die Vereinigten Staaten von Amerika.

## Die ökonomische Reichweite der »Belt and Road Initiative«

»Wer zahlt, bestimmt«, lautet ein deutsches Sprichwort. In der Weltgemeinschaft ist das nicht ganz so einfach, aber auch nicht viel anders. Zumindest bis zur Wahl Donald Trumps gaben die USA pro Jahr rund 48 Milliarden US-Dollar an wirtschaftlicher Unterstützung für 184 Länder und etwa 17 Milliarden US-Dollar an Militärhilfe für 142 Länder aus. Dies verlieh der Stimme Amerikas gehöriges Gewicht. Zugleich aber entwickelte sich China zum größten Aufkäufer von US-Schulden. Wer ist es dann eigentlich, der zahlt?

Wie können es drehen und wenden, wie wir wollen, wirtschaftliche Stärke ist die Maßeinheit der Weltgemeinschaft. Trotz aller Ungenauigkeit und Unvollständigkeit ist das offensichtlichste Maß für das Wirtschaftsvolumen eines Landes dessen Bruttoinlandsprodukt. Ausgehend von einem nominalen Bruttoinlandsprodukt (unter Berücksichtigung der Kaufkraft) von knapp mehr als 23,3 Billionen US-Dollar (2017), hat China bereits die Vereinigten Staaten mit einem

*Die BRI im globalen Kontext*

nominalen BIP von 19,3 Billionen US-Dollar überholt. (bit. ly/2Kl6Wo1) Je nachdem, wie gemessen wird, ob also die Kaufkraft berücksichtigt wird oder nicht, liegt derzeit das eine oder das andere Land auf Platz eins.

Egal welcher Methode man den Vorzug gibt, Chinas wirtschaftliches Gewicht nimmt weiter zu. Außerdem hat China durch die Kombination von Plan- und Marktwirtschaft den Schwellenländern ein neues Wachstumsmodell präsentiert. Die Größe des BIPs ist nicht das alleinige Kriterium in Chinas wachsendem Einflussbereich. In einem umfassenden Zukunftsbild sind sein praktischer Ansatz und sein Pragmatismus stärkere Erfolgsindikatoren als Theorien und Ideologien.

Der wirtschaftliche Einflussbereich der USA wird freilich nicht von einem Tag auf den anderen schwinden, er spiegelt sich nach wie vor in ihrem Vermögen, die globalen Wirtschaftsregeln der Welt zu gestalten. Doch im Juni 2015, als sich viele US-orientierte Nationen trotz Amerikas feindseliger Reaktion an der Asiatischen Infrastrukturinvestmentbank unter der Leitung Chinas beteiligten, wurde deutlich, dass die USA im Begriff sind, ihre Rolle als Fadenzieher des globalen Wirtschaftssystems zu verlieren.

Die Gründung der Asiatischen Infrastrukturinvestmentbank wurde von vielen westlichen Staaten als ein Ausgangspunkt gesehen. Das ist aber lediglich ein Aspekt der Geschichte. Um ein Wachstum zu erzielen, das das Land innerhalb von nur drei Jahrzehnten aus bitterer Armut zur zweitgrößten Volkswirtschaft führte, konnte China nicht den Weg gehen, den die Industrieländer mehr als 200 Jahren lang beschritten hatten, sondern musste vielmehr auf den Gebieten Bildung, Geschäftspraktiken, Technologien und Infrastruktur Entwicklungsschritte überspringen.

## Am Scheideweg/Wettlauf um die Märkte

In einem weiter gespannten Kontext betrachtet, war Chinas Gründung der Asiatischen Infrastrukturinvestmentbank ein weiterer, sehr wesentlicher Schritt auf seinem Weg zu einer Führungsrolle in der globalen Gemeinschaft. Seit Beginn dieses Jahrhunderts hat China seine Verbindungen und Kooperationen mit Schwellenländern intensiviert. Der Handel mit und Investitionen in Asien, Afrika und Lateinamerika haben beständig zugenommen. Obwohl Lateinamerika nicht direkt Teil der BRI ist, hat sich die Zusammenarbeit rapide verbessert, wobei Chinas Handelsministerium davon ausgeht, dass das Investitionsvolumen des Landes bis zum Jahr 2021 500 Milliarden US-Dollar übersteigen wird. In den vergangenen Jahren hat China auch seine Beziehungen zu den 16 mittel- und osteuropäischen Ländern (MOEL) ausgebaut: als Transportnetzwerke für die Neue Seidenstraße und als Hebel zur Durchsetzung politischer und wirtschaftlicher Einflussnahme in der EU in ihrer Gesamtheit. Diese langfristigen Partnerschaften, Investitionen und Kooperationen sind die Voraussetzung, um die Land- und Seerouten der BRI auf jenes Niveau zu heben, das eine Neugestaltung des Welthandels ermöglicht.

In den letzten zehn Jahren hat sich die globale wirtschaftliche Landschaft hin zu einer stärkeren Beteiligung von Schwellenländern gewandelt. Bevölkerungswachstum und zunehmender Wohlstand führen zu steigender Nachfrage. Das stärkste Bevölkerungswachstum wird auch künftig in Schwellenländern in Asien und vor allem in Afrika zu verzeichnen sein. Die Bildung einer globalen Mittelschicht ist auf gutem Weg, und je größer und wohlhabender eine Bevölkerung ist, desto höher ist auch ihr Konsum. Die

*Die BRI im globalen Kontext*

Anlage und der Ausbau von Infrastruktur entlang der Route der BRI werden diesen Prozess noch beschleunigen.

Die für das Standortmarketing Deutschlands zuständige Gesellschaft German Trade & Invest sieht in Chinas BRI erhebliche Chancen nicht nur für Großkonzerne, die in China bereits etabliert sind, sondern auch für spezialisierte Mittelständler. Von 2500 befragten deutschen Unternehmen, die bereits in China tätig sind, glauben 35 Prozent an einen positiven Effekt der Initiative.

Es wird viel darüber diskutiert, inwieweit die BRI auch für kleinere europäische Unternehmen neue Märkte eröffnet. Die diesbezüglichen Schwierigkeiten liegen zum Teil im Zugang zu Informationen. Der ist wiederum dann am besten gegeben, wenn bereits Beziehungen aufgebaut sind oder man sich eines seriösen Mittlers bedient, der über eben einen solchen Zugang verfügt. Womit wir wieder bei »Guanxi« wären, dem Türöffner, aber keinesfalls Garanten von Geschäften mit und über China. Natürlich haben große, multinationale Unternehmen diese Beziehungen längst aufgebaut und sind den Weg Chinas in die Staaten der BRI bereits mitgegangen.

Chinas Vorsprung in den Schwellenländern verschärft einerseits den Wettbewerb, andererseits schafft er auch die Voraussetzungen für neue Absatzmärkte und die Gelegenheit, entweder darauf aufzusetzen oder/und Kooperationen mit lokalen und chinesischen Partnern einzugehen.

Der Vorschlag der Europäischen Kommission zu einer »Neuen Afrika-Europa-Allianz für nachhaltiges Investment und Jobs« vom September 2018 kommt mit großem Rückstand auf die langjährigen Initiativen Chinas. Und von einem gemeinsamen Vorgehen Europas ist leider nicht viel zu sehen.

Bekannterweise gehen China und die USA bei ihren wirtschaftlichen Strategien in unterschiedliche Richtungen. Während Donald Trump Protektionismus als seine Politik hinausposaunt, plädiert Xi Jinping für eine weitere wirtschaftliche Öffnung. Im Gegensatz zu Präsident Trump, der am 23. Januar 2017 die Anordnung für den Rückzug aus der Transpazifischen Partnerschaft (TPP) unterzeichnete und durch dessen Unterschrift das Nordamerikanische Freihandelsabkommen (NAFTA) von der neuen USA-Mexiko-Kanada-Vereinbarung (USMCA) abgelöst wurde, bietet Chinas BRI allen Staaten sowie internationalen und regionalen Organisationen die Möglichkeit, sich zu engagieren, damit im Idealfall alle Nationen von den Früchten gemeinschaftlicher Anstrengungen profitieren können. Angesichts dieser Zielsetzung wird die BRI nicht nur die wirtschaftlichen Einflussbereiche Chinas ausdehnen, sondern auch die der angeschlossenen Länder. Es ist eine logische Konsequenz, dass China ein größeres Mitspracherecht bei der Gestaltung der Weltwirtschaft fordert.

## Das neue Bild Chinas

Egal von welchem Kontinent oder Land aus wir die globale Gemeinschaft betrachten, die beiden mächtigsten Staaten sind China und die Vereinigten Staaten. Beide stehen stellvertretend für ein anderes Regierungsmodell, beide sind entschlossen, eine Vision zu verwirklichen: China den (aus unserer Sicht noch immer nicht authentisch anmutenden) chinesischen Traum und die USA die Wiederbelebung des »American Dream«, der nun unter dem Etikett »Make America Great Again« segelt.

Und obwohl sowohl der chinesische Traum als auch die BRI mit dem steigenden Selbstbewusstsein Chinas einher-

*Die BRI im globalen Kontext*

gehen, suchen beide noch nach emotionaler Anbindung beim chinesischen Volk.

Chinas Initiative zur Neubelebung und Ausdehnung der alten Seidenstraße wird nicht nur ein maßgeblicher Faktor bei Chinas nationaler Neubelebung sein, sondern auch Teil einer umfassenden Repositionierung Chinas als Reich der Mitte. Sie wird die Manifestation seiner beiden eingangs beschriebenen Jahrhundertziele sein: Erstens eine moderate Mittelschicht bis zu den Feierlichkeiten anlässlich des 100. Geburtstags der Kommunistischen Partei Chinas im Jahr 2021. Und zweitens das Land bis zum 100. Geburtstag der Volksrepublik China 2049 in einen modernen, sozialistischen Staat zu überführen, der wirtschaftlich erfolgreich, stark, demokratisch, kulturell fortschrittlich und harmonisch ausgewogen ist.

In Kontrast zu Chinas strategischem Ansatz ist das Motto »Make America Great Again« bis jetzt noch nicht durch eine konkrete Strategie gedeckt. Alle Anzeichen deuten auf Polarisierung und Turbulenzen hin statt auf Stabilität und einen übergeordneten Wirtschaftsplan zur Lösung der Krise in Amerikas Mittelschicht und um die soziale Mobilität wieder flottzubekommen. Bis jetzt hat sich die Hoffnung, dass das Amt den Präsidenten formt, nicht erfüllt. Vielmehr hat der Präsident die Republikanische Partei in Geiselhaft genommen und ihr seinen Stempel aufgedrückt.

Unsere Meinung ist hier subjektiv, und doch, wer die Präsidentschaft Trumps anhand von Fakten und Folgen prüft, wird die Situation als sehr bedenklich, wenn nicht gefährlich bewerten. Die Unberechenbarkeit des Präsidenten erlaubt kaum verlässliche Prognosen. Gewiss ist politische und wirtschaftliche Unsicherheit.

## China sieht sich in seiner Politik bestätigt

Aus europäischer Perspektive liegt eine der wichtigsten Errungenschaften der westlichen Demokratie darin, dass sie es den Menschen ermöglicht, ihre Vertreter und Regierungen selbst zu wählen. Doch die Wahlfreiheit wird heute durch einen Mangel an Qualität bei den Optionen und/oder den bedenklichen Rechtsruck einiger Mehrheiten gestört. Populismus tritt an die Stelle von politischem Realismus. Die etablierten Parteien in den USA und in europäischen Ländern sind zunehmend polarisiert und nicht zur Zusammenarbeit und zu Kompromissen im Interesse ihrer Länder bereit. Die Europäische Union ist hin- und hergerissen zwischen dem reichen Norden und einem von Sorgen geplagten Süden. Sie hat noch keinen gemeinsamen Nenner gefunden, um ihr Potenzial wirksam einzusetzen. All dies passiert im Kontext einer Wahrnehmung von wachsender Ungleichheit, wirtschaftlicher Unsicherheit und dem fehlenden Vertrauen, dass harte Arbeit gesellschaftlichen Aufstieg mit sich bringt. Die Krise innerhalb der westlichen Demokratie lässt sich nicht länger leugnen.

China hat reichlich Spielraum, seine Wahrnehmung im Westen zu verbessern. Das Thema der persönlichen Freiheit verstellt noch immer den positiven Blick der Chinesen in die wirtschaftliche Zukunft ihres Landes. Im Großen und Ganzen ist das Bild Chinas unter den westlichen Wirtschaftstreibenden besser als in den Medien beschrieben. Dennoch kommen kritische Stimmen aus internationalen, in China ansässigen Unternehmen. Etwa ein Drittel der deutschen Unternehmer und Investoren fühlt sich in China inzwischen weniger willkommen als noch vor einigen Jahren. Das mag durchaus seine Ursache in dem gestiegenen Selbstbewusstsein und neuen Selbstbild Chinas haben.

*Die BRI im globalen Kontext*

Chinas führende Rolle in Hochtechnologien wie Robotik und künstlicher Intelligenz und die auch im Westen anerkannten Vorzeigeunternehmer schaffen eine andere Ausgangsbasis in Verhandlungen. Dazu kommen Probleme wie steigende Löhne, die Schwierigkeit, qualifiziertes Personal zu bekommen und zu halten, sowie eine zunehmende Konkurrenz vor Ort und ein sich verlangsamendes Wirtschaftswachstum.

Zusätzlich haben die anhaltende Krise innerhalb der EU und die politisch festgefahrene Situation in den USA sehr wohl einen Einfluss darauf, wie eine Bevölkerung über die Regierung ihres jeweiligen Landes denkt. Das internationale französische Marktforschungsinstitut Ipsos veröffentlichte im Juli 2018 die Ergebnisse einer Umfrage unter anderem zur Frage: Sehen Sie Ihr Land politisch auf dem richtigen oder falschen Weg? Sieger war mit großem Vorsprung China mit 91 Prozent Zustimmung, gefolgt von Saudi-Arabien mit 76 Prozent. Zum Vergleich: USA 41 Prozent, Deutschland 34 Prozent, Großbritannien 33 Prozent, Schweden 27 Prozent und Brasilien als Schlusslicht mit nur 15 Prozent Zustimmung. (bit.ly/2QZWVzh)

Ein Kommentar zu Saudi-Arabien, in dem 76 Prozent der Befragten meinten, das Land befinde sich auf dem richtigen Weg: Im Mai 2018 waren wir anlässlich einer Konferenz in Saudi-Arabien, an der sowohl internationale als auch lokale Experten teilnahmen. Dabei hatten wir Gelegenheit zum Austausch mit einer ganzen Reihe von Saudis, männlich und weiblich, überwiegend junge, gut ausgebildete Leute. Wir hatten den Eindruck einer allgemeinen Aufbruchsstimmung. Nicht nur, was die wirtschaftliche Umgestaltung betrifft, sondern auch in Bezug auf eine Lockerung der strengen sozialen und religiösen Reglementierungen. Speziell die Frauen berichteten uns erfreut über eine Lockerung von Einschränkungen in Bezug auf die Bekleidung, was darin resultiert, dass die bodenlangen Abayas nun offen über der westlichen Kleidung flattern. Auch die Chancen im Berufsleben steigen. Im Unterschied zu den Mitarbeiterinnen des Projekts waren im Resort, in dem wir wohnten, die weiblichen Gäste allerdings noch tief verschleiert und die Schwimmbereiche streng getrennt. Wobei der relativ kleine Bereich für Frauen von einem hohen Holzzaun umgeben war, den männlichen Gästen standen der Swimmingpool und der gesamte Strand zur Verfügung.

Abgesehen von einer Momentaufnahme ist es allerdings kaum möglich, einen wirklichen Eindruck von der Stimmung des Landes zu bekommen, ohne es zu bereisen. Saudi-Arabien ist mit rund 33 Millionen Einwohnern im Vergleich zu Chinas 1,3 Milliarden Einwohnern relativ überschaubar, und selbst bei einem kurzen Besuch zeigen sich die großen Unterschiede in den Lebensumständen, den Ansichten und persönlichen Aussichten. Im Vergleich zu Saudi-Arabien ist China nicht nur wesentlich komplexer, sondern es ändert sich in Riesenschritten, auch in Bezug auf seine Beurteilung des Westens. Es lässt sich nicht ignorieren, dass die Menschen im Westen ihren Lebensstandard und den ihrer Kinder schwinden sehen, wogegen sich die Chinesen weiterer Verbesserungen gewiss sein können. Selbst wenn westliche Medienberichte diese Entwicklungen teilweise mit einem großen »Aber« versehen, führen Chinas wirtschaftliche und technische Fortschritte doch zu einer soliden Aufwertung von Chinas globalem Image und zu gegebener Zeit zur Schaffung von Vertrauen und Zuversicht unter allen Ländern, die sich Chinas BRI anschließen.

*Die BRI im globalen Kontext*

## Erhalt des dynamischen Wachstums

Fünf Jahre nach ihrer ersten Ankündigung liegt die Einschätzung der BRI im weiten Feld zwischen Bedrohung und Chance. Die BRI ist Chinas Projekt des 21. Jahrhunderts und eng mit Präsident Xi Jinping verbunden. Sie ist ein so gewaltiges Vorhaben, dass wir sie in ihren Auswirkungen nicht bloß als einen Megatrend im globalen Handel bezeichnen können. Es geht auch nicht darum, einen Megatrend für sich zu nützen. Es handelt sich vielmehr um aktiv gesetzte globale Maßnahmen, mit dem Ziel, eine neue wirtschaftliche Infrastruktur, neue Handelswege sowie ein neues Gleichgewicht in den globalen Beziehungen zu schaffen. Das Vorhaben besteht darin, grenzüberschreitend Handel und Investitionen anzukurbeln und sich gleichzeitig mit der Komplexität globaler Lieferketten auf unterschiedlichen Ebenen von freien und mitunter eingeschränkten Märkten auseinanderzusetzen.

Auf globaler Ebene präsentiert China die BRI als Teil einer »Demokratisierung internationaler Beziehungen« und als Übergang von einem westlich dominierten wirtschaftlichen und politischen Gefüge zu einer multipolaren wirtschaftlich-politischen Ordnung, in der China eine angemessene Rolle bei zentralen globalen Angelegenheiten sowie eine führende Rolle unter den Schwellenländern einnimmt.

Auf Basis der Zusicherung, die BRI werde bis zum Jahr 2025 in vollem Umfang funktionsfähig sein, wird das Projekt zum potenziellen Wachstumsmotor Chinas. Es verspricht, die Nachfrage der aufstrebenden Nachbarn zu befriedigen und Infrastruktur für die Regionen entlang der Route bereitzustellen. Ein wesentliches Ziel ist es, ein ebenso effizientes wie nachhaltiges Straßen-, Schienen- und Schifffahrtsnetz zwischen China, Asien, Europa, Afrika und, in

*Die BRI im globalen Kontext*

einer langfristigen Ausbaustufe, Lateinamerika zu errichten. Ein weiteres Vorhaben ist die Verkürzung der Transportzeiten von Massengütern nach Europa, und zwar mittels zumindest einer Hochgeschwindigkeitsstrecke, die es erlaubt, 320 Kilometer pro Stunde zu erreichen. Damit soll der Landweg von Peking nach London in nur zwei Tagen bewältigbar sein. Im Jahr 2016 waren dazu nicht weniger als 15 Tage vonnöten.

Angesichts der umfassenden Auswirkungen einer solchen Initiative überrascht es nicht, dass sie nicht nur begeisterte und positive Reaktionen auslöst, sondern auch kritische und sogar feindselige Stimmen laut werden. Das betrifft sowohl seine wirtschaftlichen wie auch seine politischen und geopolitischen Überlegungen und Strategien. In den an der BRI beteiligten Staaten gibt es weitreichende Unterschiede im Hinblick auf politische Systeme, Geschichte, Kulturen und Ideologien. Diese haben auch unterschiedliche Auffassungen und Ansätze im Umgang mit aktuellen wirtschaftlichen und sozialen Fragen zur Folge. In einigen Staaten entlang der verschiedenen Routen herrschen instabile politische und/oder wirtschaftliche Verhältnisse. Der Schlüssel zu Stabilität wird sein, auf einem gemeinsamen Nenner zu agieren, der es einerseits erlaubt, Verbindungen und Kooperationen einzugehen, andererseits aber genügend Raum lässt, um auf autonome Bedürfnisse Rücksicht zu nehmen. Während China fraglos Wegbereiter und Motor für die BRI ist, wird seine Zusage, Partnerschaften auf Augenhöhe mit allen Teilnehmerländern einzugehen, dazu beitragen, Skepsis ab- und Vertrauen aufzubauen.

*Die BRI im globalen Kontext*

## Krieg mit China als Ausweg?

Laut der Welthandelsorganisation (WTO) belief sich das Gesamtvolumen aller im Jahr 2015 weltweit gehandelten Waren auf 16,5 Billionen US-Dollar. Welche Auswirkungen werden die neuen Handelswege haben, die 62,55 Prozent der Weltbevölkerung und 28,6 Prozent des Bruttoinlands-produkts der Welt umfassen? Das ist eine Frage, der sich die Regierungen und Unternehmen aller Länder stellen sollten.

Im Jahr 2017 wuchs die Weltwirtschaft laut dem Inter-nationalen Währungsfonds um erfreuliche 3,8 Prozent. Im April 2018 lag die Prognose bei 3,9 Prozent, im Oktober 2018 wurde sie auf 3,7 Prozent gesenkt. Jede Prognose kann natürlich durch Präsident Trumps Wirtschaftspolitik umge-stoßen werden. Ganz besonders dann, wenn der Bumerang der Strafzölle die amerikanische Wirtschaft trifft. Von einem solchen Szenario politisch an die Wand gestellt, wird es auch in China für möglich gehalten, dass Trump zum ultimativen Schlag auf China ansetzt und Taiwan als unabhängigen Staat anerkennt. Darauf kann China aus seiner Geschichte heraus nur eine Antwort geben: Krieg. Es war kein Zufall, dass Prä-sident Xi Jinping Chinas Anspruch auf eine Wiederverein-igung bestärkte und Ende Oktober 2018 anlässlich eines Besuches im Süden des Landes erklärte, China müsse sich für einen Krieg rüsten: »Wir müssen die Einsatzbereitschaft mittels Übungen und Abwehrübungen stärken, um damit die Fähigkeiten und Kriegsbereitschaft der Soldaten zu erhöhen.« (bit.ly/2zkm1Sw) Noch deutlicher wurde der chi-nesische Präsident, als er während eines Treffens Anfang Januar 2019 hochrangige Vertreter der zentralen Militär-kommission Chinas zur Bereitschaft auf einen Krieg auffor-derte.

## Wolken am Wirtschaftshorizont

Noch hofft man auf einen Sieg der Vernunft. Zu viel an Fortschritt könnte innerhalb kurzer Zeit zerstört werden. Asien hat im Verlauf von drei Jahrzehnten einen signifikanten wirtschaftlichen Aufschwung erlebt. Der Anteil der Produktion am BIP kletterte in Süd- und Nordostasien auf über 25 Prozent, in Südostasien und Nordostasien auf über 30 Prozent. Als Folge des raschen Produktionswachstums stiegen auch die Beschäftigungsquote und Produktivität.

Zur selben Zeit wurden Fortschritte in der Qualifizierung von Arbeitern aufgrund einer besseren Ausbildung von Führungskräften und der Erfahrung und Anstrengungen von zunehmend global denkenden Unternehmern erzielt. Doch trotz all der Errungenschaften ist der Exporthandel rückläufig. Chinas Gesamtexporte sanken laut der chinesischen Generalzollverwaltung (GACC) im Jahr 2015 um 1,8 Prozent und 2016 um zwei Prozent.

China war sich darüber im Klaren, dass es zur Aufrechterhaltung des dynamischen Wirtschaftswachstums einen Wandel weg von einem schwerpunktmäßig auf Fabrikation ausgerichteten hin zu einem mehr auf Konsum und Service ausgerichteten Wirtschaftsmodell vollziehen und außerdem neue Märkte erschließen muss. China wird auch auf den Routen der BRI den Weg weitergehen, auf dem es sein eigenes Wachstum in den vergangenen Jahrzehnten beflügelt hat: den Aufbau von Infrastruktur, die den Bau gewaltiger Industrieparks entlang der neuen Seidenstraßenrouten ermöglicht. Ein Beispiel dafür ist der 91,5 Quadratkilometer große Industriepark vor den Toren von Minsk in Weißrussland. Jeder, der China bereist, ist beeindruckt von seinem Hochgeschwindigkeitseisenbahnnetz, den lichtdurchfluteten Bahnhöfen und den zahlreichen brandneuen Flughäfen,

*Die BRI im globalen Kontext*

die Chinas Städte miteinander und mit der Welt verbinden. Es ist eine der Zielsetzungen der BRI, dies auch in vielen Schwellenländern entlang der Seidenstraße des 21. Jahrhunderts umzusetzen.

Laut einer Studie von Qu Hongbin, dem Großchina-Chefökonomen der HSBC-Bank, übertraf die Summe von Chinas Direktinvestitionen 2015 erstmals die der Auslandsinvestitionen. Zwischen Januar und Oktober 2016 stiegen Chinas nichtfinanzielle Direktinvestitionen auf 134 Milliarden US-Dollar, ein Zuwachs um 54 Prozent gegenüber 2015. Im gleichen Zeitraum hatten privatwirtschaftliche Unternehmen einen Anteil von 65 Prozent bei den Direktinvestments in Übersee. Das Outsourcing in der Sparte Produktion verdoppelte sich 2015, die Sparte Maschinenbau erzielte eine Steigerung um 154 Prozent. China befindet sich in einem Prozess der Anpassung und Neuausrichtung seiner Strategien im direkten Auslandsinvestment, weg von Rohstoffen, Infrastruktur und Produktion hin zu imageträchtigen Markenartikeln und Hightechkomponenten.

## Vernetzte Infrastruktur sichert Marktzugänge

Chinas Commitment zum Bau von Straßen, Infrastruktur und Kommunikationseinrichtungen in Staaten der BRI geht über reine Entwicklungshilfe hinaus. Wie zuvor beschrieben, weiß China nur zu gut, welch entscheidende Rolle sein eigenes Straßen- und Infrastrukturnetz in den vergangenen drei Jahrzehnten bei der Öffnung für ausländische Investoren gespielt hat. Ohne staatliche Investitionen in diese Verkehrsnetze hätten sich Investoren schlicht niemals engagiert. China ist sich auch durchaus bewusst, dass die meisten Nationen innerhalb des Netzes der BRI nicht gewillt sind, in ihre eigene Infrastruktur zu investieren, ja in vielen Fällen nicht einmal über die nötigen Mittel verfügen. China beschloss, das für sie zu übernehmen. Im Gegenzug erhielt es Zugang und möglicherweise auch zumindest teilweise Kontrolle über deren Transport- und Kommunikationsnetzwerke. Somit wird diese Initiative Chinas öffentlich-privatem Handels- und Investmentsektor einen Zugang zu den Binnenmärkten dieser Länder sichern. Außerdem garantiert sie in China investierenden Firmen ein effizientes Transport- und Versandnetz für die Bereiche Landwirtschaft, Fabrikation und Energieentwicklung.

## Strategische Verlagerung des Wachstums

Chinas Staatsführung verfolgt die klare Absicht, die Wachstumsraten des Landes im Interesse einer gesunden expandierenden Wirtschaft allmählich zu senken, gleichzeitig aber seine Einkommensquellen durch Streuung von Investitionen in das Netzwerk der Unternehmen der BRI zu erweitern. Durch die Bereitstellung von Infrastruktur und das Anbinden der Entwicklungsländer an den Verbund der BRI positioniert China seine Firmen als Pioniere, um so die in den frühen Phasen der Entwicklung gebotenen Chancen zu nutzen. Der Aufbau der Infrastruktur in anderen Ländern dient also nicht nur deren Interessen, sondern auch jenen Chinas. Indem China seine Ziele gewissermaßen durch die Hintertür und zum Nutzen beider Seiten erreicht, baut es auf Sunzis Denkweise auf. Rückblickend war es fraglos Chinas Entschlossenheit, seine eigene Infrastruktur voranzubringen, die das Land für Investoren interessant machte. Ohne Straßen, Schienen und Häfen wäre eine Einfuhr von Rohstoffen und Maschinen ebenso wenig möglich gewesen

*Die BRI im globalen Kontext*

wie die Ausfuhr von Endprodukten. Durch ihre Pionierrolle beim Aufbau der Infrastruktur in Ländern der BRI werden vorrangig chinesische Unternehmen profitieren, da dies die Verlegung zahlreicher Geschäftszweige zu ortsansässigen Betrieben mit niedrigeren Produktionskosten ermöglicht.

Chinas Infrastruktur-Industrien werden ebenso von der Fülle neuer Projekte profitieren wie chinesische Arbeitskräfte und Ingenieure, die im Ausland arbeiten. Obgleich sich das Wachstum mancher Industriezweige auf dem heimischen Markt verlangsamt, erhalten sie ihre Chancen dank wachsender Märkte und Lohnvorteile.

Niedrigere Erwartungen an das heimische Wachstum werden sich natürlich auf Chinas öffentliche und private Unternehmen auswirken. Einheimische Firmen, die in Länder der BRI investieren, streuen jedoch ihre Einkommensquellen. So kann China die sinkende Wachstumsrate beim BIP durch höhere Einnahmen aus Investitionen und Handel mit den aufstrebenden Volkswirtschaften der BRI strategisch kompensieren. Das wirtschaftliche Ausgangsniveau dieser Länder liegt um so vieles niedriger als jenes von China heute, dass die Planung eines Wachstumskurses nicht allzu schwierig sein wird, wenn erst einmal der Geldsegen durch Chinas Investments zu strömen beginnt. Viele dieser Staaten haben aufgrund ihrer geringen Größe nur eine kleine Volkswirtschaft, die schrittweise mit Chinas Engagement wachsen wird. Die Gewinne chinesischer Unternehmen werden ins Land zurückfließen und so ein höheres Einkommen generieren, ohne dass sich dies zwingend in höheren BIP-Raten niederschlägt.

*Die BRI im globalen Kontext*

## Chinas Risikoüberlegungen zur »Belt and Road Initiative«

China wandelt sich, vereinfacht gesagt, von der Fabrik der Welt zum globalen Investor und zur Bank der Welt. Trotzdem gibt es eine ganze Reihe von Risiken, die die BRI für chinesische Investoren beinhaltet. Diese Risiken sind höher für private Investoren, die unter Umständen keinen sofortigen Zugang zu Regierungskanälen haben: So beeinflusst die Geopolitik die Infrastrukturanbindung, da in einigen Gebieten Krieg, Konflikte oder politische Instabilität herrschen. Die Haltung einiger Länder innerhalb des Verbunds der BRI dem Projekt gegenüber ist von Misstrauen geprägt, einige sind nur halbherzig der Vision verpflichtet, da sie bereits Sicherheits- oder wirtschaftliche Abkommen mit den Vereinigten Staaten eingegangen sind. Das Investitionsumfeld in Ländern der BRI ist komplex, die Rechtslage oft unsicher und persönliche Netzwerke oder Verbindungen unerlässlich für den Erfolg privater Investments. Und es besteht ein Risiko für Zahlungsausfälle bei Verbindlichkeiten seitens jener Länder der BRI, in denen ein hohes Maß an innenpolitischer Volatilität gegeben ist. Die Export-Import Bank von China, die von 2014 bis 2017 Kredite in der Höhe von mehr als 930 Milliarden Yuan (135 Milliarden US-Dollar) vergab, berichtet von offenen Krediten in Höhe von 810 Milliarden Yuan, was eine Steigerung von beinahe 30 Prozent im Jahresvergleich bedeutet. (bit.ly/2Q9xcqZ) Hu Xiaolin, der Vorsitzende der Bank, sieht die instabilen internationalen Bedingungen als potenzielle Ursache dafür.

Ein weiteres Risiko ist die falsche Einschätzung von ausländischen Partnern, die in der Hoffnung auf das große Geld unhaltbare Versprechungen machten. Ganz sicher

**65**

*Die BRI im globalen Kontext*

durchläuft China wie in der Vergangenheit einen Lernprozess. Man sollte dabei nicht vergessen, dass die straffe Machtstruktur des Landes ein schnelleres und flexibleres Handeln ermöglicht als in Ländern, in denen Entscheidungen über Parteigrenzen hinweg verhandelt oder erstritten werden müssen.

Anders gelagert sind die Probleme mit Malaysia, das Projekte im Umfang vom 20 Milliarden US-Dollar kündigte. Mahathir, der 93-jährige Präsident des Landes, begründete dies einerseits damit, dass die Projekte nicht unbedingt nötig seien, und andererseits mit der zu hohen Schuldenlast des Landes. Die Abstimmung chinesischer Investitionen mit den eigenen Visionen und Möglichkeiten sollte die Grundvoraussetzung für den Entscheidungsprozess schaffen. China mag hart verhandeln und seine Position ausspielen, doch das befreit nicht von der Eigenverantwortung für eine sorgfältige Abwägung der Vor- und Nachteile und klaren Standpunkten in den Bedingungen.

Ein weiteres Beispiel: Im November 2014 wurde Chinas erfolgreiches Gebot in Höhe von 3,75 Milliarden US-Dollar für ein Autobahnbauprojekt in Mexiko gestrichen. Mexiko musste dafür gewaltige Entschädigungszahlungen leisten. Es war ziemlich offensichtlich, dass Mexiko von seinem nördlichen Nachbarn Druck bekommen hatte. 80 Prozent des Exports von Mexiko gehen in die USA, den bei Weitem wichtigsten Handelspartner des Landes. Nur 1,6 Prozent gehen nach China. Dennoch wird Chinas Investment in Mexiko weiter wachsen.

Es gibt zudem Risiken, die in der Natur des Vorhabens liegen und von Umwelt und Klimafragen bis zu geopolitischen Überlegungen reichen. Um in seiner Strategie erfolgreich zu bleiben, wird China in der Entwicklung der BRI sorgfältig manövrieren müssen. Evolution durch Flexibilität

*Die BRI im globalen Kontext*

wird eine Schlüsselposition in der Entwicklung der BRI sein. Andererseits, je besser man die Visionen im inneren Kreis der chinesischen Führung versteht, desto besser erkennt man, dass dahinter eine gut durchdachte Strategie steht.

Chinas BRI-Strategie sind Wachstum und Widerstandsfähigkeit. Dafür schmiedet es derzeit eine neue Allianz aus kooperierenden Nationen. Dies ist im Wesentlichen eine historische Vision, die bereits Chinas Gründungsväter hatten, als die Bewegung der Blockfreien Staaten[*] in den 1950er- und 1960er-Jahren begann. Damals besaß China nicht die finanziellen Mittel oder andere Ressourcen, um den Prozess voranzutreiben, heute hat es sie.

Ohne Stabilisierung lokaler Verhältnisse bleibt ein hohes Sicherheitsrisiko in einer Reihe von BRI-Staaten. Chinas Staatsführung hat Amerikas Bemühungen in der Terrorismusbekämpfung genau beobachtet, doch aus der Sicht Chinas führen diese nicht zu einer Zunahme des Wohlstands, sondern zu mehr kriegerischen Auseinandersetzungen. Viele junge Leute wurden aufgrund der fatalen Kombination von wirtschaftlicher Verarmung und Verlust der Identität radikalisiert. China sieht wirtschaftliche Entwicklung, die Schaffung von Arbeitsplätzen und Geschäftschancen vor Ort als eine Formel, die den Menschen Hoffnung, Verantwortung, Identität und Sinn zu geben vermag.

---

[*] Die Bewegung der Blockfreien Staaten wurde während des Zusammenbruchs des Kolonialsystems mit der Konferenz von Bandung im April 1955 als Gründungsdatum und der Proklamation der »Zehn Leitlinien von Bandung« durch 29 Staatschefs, darunter auch die von China und Indien, gegründet.

*Die BRI im globalen Kontext*

## Denkhorizonte des Reichs der Mitte

Für China stellen Investitionen, Handel und kultureller Austausch Zeichen des Respekts dar. In Diskussionen über Menschenrechte vertritt China die Ansicht, dass nicht Redefreiheit und Pressefreiheit das oberste Gebot sind, sondern das Recht auf moderaten Wohlstand. Bis jetzt sorgt die ständig wachsende Mittelschicht für ein überwiegend positives Klima im Land, auch wenn für die junge Generation Immobilien immer unerschwinglicher werden und ein Hochschulabschluss längst keinen guten Job garantiert.

Der aus westlicher Sicht heftigste Kritikpunkt ist intern gesehen ein Vorteil: der unantastbare Machtanspruch der Kommunistischen Partei Chinas. Er sichert das Denken in langfristigen Strategien mit der Bereitschaft zu radikalen Wenden, wenn die Situation es erfordert.

Es steht außer Zweifel, dass es Chinas Kommunistische Partei war, die das Land dorthin gebracht hat, wo es heute ist. Auch wenn der Westen in verschiedenen Bereichen eine andere Meinung vertritt: Würde diese Partei heute abgewählt oder gestürzt werden, versänke China im Chaos.

Wir hatten im Laufe der Jahre die Gelegenheit zu ausführlichen Gesprächen mit nationalen und lokalen Führungskräften Chinas. Herausragend ist dabei das hohe wirtschaftliche Verständnis. Es hat uns immer wieder überrascht, wie gut Bürgermeister und Parteisekretäre mit Österreichs Schule der Nationalökonomie und seinen Gründern, allen voran Friedrich von Hayek, vertraut sind. Dazu kommt, dass die Partei die Ausbildung von vielversprechenden Studenten an amerikanischen Eliteuniversitäten ebenso fördert wie Executive MBAs für erfolgreiche Mitarbeiter in staatlichen Betrieben, in der Administration oder für den politischen Nachwuchs.

*Die BRI im globalen Kontext*

Bildung, Weiterbildung und rasche Anpassung an sich verändernde Gegebenheiten sind die Grundvoraussetzungen für weiteres Wachstum in China. Und wachsender Wohlstand ist die Voraussetzung für politische Stabilität. Wie wir in unserem Buch *Chinas Megatrends* ausführten, resultiert die Legitimation der Führung Chinas aus der nachhaltigen Verbesserung der Lebensumstände seiner Bewohner und der Aufrechterhaltung von Stabilität und Harmonie als Grundpfeiler der Chinesischen Republik. Der Schweizer Sinologe Prof. Dr. Harro von Senger schreibt dazu in seinem Buch *Supraplanung*: »Eine Demokratie nach westlichem bürgerlich-liberalen Modell ist in der chinesischen Geschichte nicht vorbereitet und im Rechtsdenken kaum angedacht worden.«

Eines der grundlegenden und aus der Geschichte Chinas naheliegenden Ziele der BRI ist die Steigerung des Pro-Kopf-BIPs der Einwohner im Verbund der an der Initiative beteiligten Staaten mittels anhaltender Investitions- und Handelsmöglichkeiten. Dies werde, so glaubt Chinas Staatsführung, zu mehr regionaler Sicherheit beitragen, weil die Menschen an der wirtschaftlichen Entwicklung teilhaben, sich auf eigene Faust Geschäftsmöglichkeiten erschließen und Hoffnung durch Fortschritt verspüren können.

# Regionale und internationale Zusammenarbeit statt Konfrontation

Die BRI wird im Wesentlichen drei Kontinente mit unterschiedlicher Historie und Kultur verbinden. Im Lauf ihrer Geschichte wurden diese Kontinente sowohl innerhalb des eigenen Territoriums als auch grenzüberschreitend von verheerenden Kriegen und zahllosen Konflikten erschüttert. Obwohl es zu allen Zeiten Handelsströme und Austausch zwischen Ländern mit unterschiedlicher Kultur, Religion und Wissensverteilung gab, existierte nie zuvor in der Geschichte ein strategischer Plan, so viele Länder und Kontinente wirtschaftlich zu vernetzen. Nie zuvor hat ein Land die Initiative ergriffen, Wirtschaftsgürtel und Straßen der Zusammenarbeit zu errichten, Menschen mit Menschen zu verbinden, den Austausch zu fördern sowie zu Dialog und Verständigung zu ermutigen.

Unser Blick in die Zukunft sollte zwar nicht nur rosig sein, aber wenn die BRI ihr Potenzial im Positiven entfaltet, kann dies nicht nur eine neue ökonomische Infrastruktur schaffen, sondern nach dem erklärten Ziel Chinas auch zum größten friedensstiftenden Prozess des Jahrhunderts werden.

## Wofür steht die »Belt and Road Initiative«?

»Belt and Road Initiative« (BRI) ist der leicht verwirrende Name für eine Anzahl von Handelsrouten über Land und Meer. Auf den ersten Blick ist die BRI ein gigantisches Infrastrukturprojekt, das geschäftliche Aktivitäten entlang seiner diversen Routen ermöglicht, mit der Aussicht und Wahrscheinlichkeit, zur größten Plattform für regionale Kooperation zu werden. Chinas Initiative soll die Entwicklung der Länder im Einzugsbereich der BRI koordinieren, Absatzpotenzial fördern, Investition und Konsum ankurbeln sowie Nachfrage und Jobchancen schaffen.

Wie eingangs erklärt, steht »Belt« dabei nicht für den maritimen Teil der Seidenstraße, sondern für die Landwege, die sich von Zentralchina über Mittelasien und Russland bis nach Europa erstrecken. Das chinesische Zeichen für »Belt« steht nicht nur für »Gürtel«, sondern wie eingangs erklärt auch für Beziehung und Anbindung.

»Road« schließt auch die maritime Seidenstraße des 21. Jahrhunderts mit ein und umfasst Schifffahrtswege von der chinesischen Küste über das Südchinesische Meer und den Indischen Ozean zu europäischen Häfen und vom Südchinesischen Meer und dem Südpazifik zu Häfen in Asien und Afrika.

Laut den offiziellen Communiqués verfolgt die BRI neben den wirtschaftlichen Zielen den Zweck, das gegenseitige politische Vertrauen zu vertiefen, den kulturellen und zwischenmenschlichen Austausch zu fördern sowie zum wechselseitigen Lernen unter den Völkern der betreffenden Staaten anzuregen, damit die Menschen einander besser verstehen, einander vertrauen, gegenseitig respektieren und in Frieden, Harmonie und Wohlstand leben können. Dies gilt für das Gebiet der antiken Seidenstraße, ist aber nicht darauf beschränkt. Es steht allen Ländern und internationalen wie regionalen Organisationen frei, sich hier einzubringen, damit die Früchte der gemeinsamen Anstrengungen ausgedehnteren Gebieten zugutekommen.

*Zusammenarbeit statt Konfrontation*

## Die historischen Wurzeln der
## »Belt and Road Initiative«

Denkt man an die Seidenstraße, schweift die Fantasie meist in alte Zeiten zurück. Vor unserem geistigen Auge erscheinen Männer in langen, wallenden Gewändern, in Moscheen und Bazaren, quirliges Leben und eine Fülle von fremden Gerüchen und Gerichten. Kaufleute in Karawanen, die mit ihren Kamelen von Xi'an in China zu ihrem Ziel, vielleicht einer Stadt irgendwo in Mittelasien, unterwegs sind.

Der Begriff »Seidenstraße« wurde durch den Geografen Ferdinand von Richthofen geprägt, der ihn im Jahr 1877 erstmals in Umlauf brachte. Begründet wurde sie formell während der Han-Dynastie (206 vor Christus bis 220 nach Christus) und regelmäßig genutzt, als das Han-Volk offiziell den Handel mit dem Westen aufnahm, bis das Osmanische Reich dem Austausch mit dem Westen durch Sperrung der Straßen einen Riegel vorschob und alles zum Erliegen kam.

Das romantische Bild ist eine Verklärung dessen, was in Wirklichkeit ein komplexes Geflecht aus Handelsrouten und Beziehungen zwischen Ländern und Königreichen war. Die kostbare Seide war in Ägypten, Griechenland und vor allem in Rom heiß begehrt und ermöglichte es China, seine Position als textilverarbeitendes Zentrum der Welt bereits in der Antike zu festigen.

Tee und Gewürze aller Art sowie Kräuter mit Krankheiten vorbeugenden und heilenden Eigenschaften wurden auf der sogenannten Tee-Pferde-Straße transportiert. Sie verlief vom Süden der Provinz Yunnan, die vor allem für den Anbau von Pu-Erh-Tee bekannt ist, durch Dali und Lijiang bis hinauf nach Lhasa und weiter bis zu südasiatischen Ländern wie Indien und Nepal. Da in Südasien zu jener Zeit noch kein Tee angepflanzt wurde, war man auf chinesischen

*Zusammenarbeit statt Konfrontation*

Tee und infolgedessen auf die Reisewege der Teekarawanen angewiesen. Eine weitere Handelsroute führte durch die Türkei und Osteuropa und wurde vorwiegend von arabischen Händlern genutzt. Weitaus größere Auswirkungen als Tee und Seide brachte die Erfindung von Papier in der Zeit der Han-Dynastie mit sich, und dann natürlich Schießpulver.

Mit ihrem komplexen Verbund aus bedeutenden Städten, von denen viele ein beachtliches Niveau im Bereich der Kunst und Wissenschaft erlangten, lag der größte Wert der Seidenstraße im kulturellen, künstlerischen, philosophischen und religiösen Austausch. Ein Beispiel dafür ist der Buddhismus, der während der Tang-Dynastie in massiver Weise nach China eindrang. Der Legende nach war es der buddhistische Mönch Xuanzang, der nach Indien reiste und Sutras mitbrachte, was zum Bau der Großen Wildganspagode führte, welche heute noch in Xi'an besichtigt werden kann. Die Astronomie erreichte den Zenit ihrer Zeit in den Städten Isfahan, Samarkand und Lhasa.

Wohl nur wenige wissen, dass das Motto des United States Postal Service, wie es am James A. Farley Building, dem Hauptpostamt von New York, eingemeißelt steht, auf die Persische Königsstraße zurückgeht, eine der Hauptadern der antiken Seidenstraße. Es wurde den Schriften des griechischen Historikers Herodot (480 bis 429 vor Christus) entlehnt, einem Zeitgenossen von Sokrates. Beeindruckt von der Geschwindigkeit und Effizienz der persischen Boten, schrieb dieser: »Weder Schnee noch Regen, Hitze oder die Dunkelheit der Nacht hindern diese Kuriere daran, ihre festgelegten Runden in höchstem Tempo zu erledigen.«

Die antike Seidenstraße, auf der die Globalisierung im eigentlichen Sinn tatsächlich ihren Ursprung hatte, ist schon viel älter als die Tang-Dynastie. Sie wurde zur festen Wirt-

**73**

*Zusammenarbeit statt Konfrontation*

schaftsordnung, die erst durch den zu Beginn des 19. Jahrhunderts entstehenden Kolonialismus gestört wurde. In der gesamten Menschheitsgeschichte erlebte diese Wirtschaftsordnung lediglich eine vorübergehende Unterbrechung von 150 Jahren.

Wie schon beschrieben, ist der Wissensstand über die BRI in China noch immer sehr niedrig, im Gegensatz zu jenem über die historische sogenannte Seidenstraße. Die Idee, die Seidenstraße als eine wirtschaftliche Handelsgemeinschaft wiederzubeleben, baut auf dem kollektiven Unbewussten der Menschen in China, Korea, Pakistan, Afghanistan, Turkestan, Turkmenistan und weiter durch ganz Mittel- und Südasien bis nach Ost- und Nordafrika auf. Es geht nicht darum, etwas Neues zu schaffen, denn betrachtet man die Neue Seidenstraße im historischen Kontext, erkennt man, dass es nicht nur um den Aufbau neuer Handelswege geht, die die globalen wirtschaftlichen Zusammenhänge verändern werden, sondern wesentlich tiefer. Im chinesischen Denkmuster wird wiederhergestellt, was immer schon da war.

## Die »Belt and Road Initiative«: Sechs Asien, Europa und Afrika umspannende Wirtschaftskorridore

Am 28. März 2015 veröffentlichten Chinas Staatliche Kommission für Entwicklung und Reform, das Außenministerium und das Wirtschaftsministerium eine gemeinsame Erklärung mit dem Titel »Mission und Maßnahmen zum Gemeinschaftsprojekt des Seidenstraßen-Wirtschaftsgürtels und der maritimen Seidenstraße des 21. Jahrhunderts«, in der ein Rahmenplan mit den gemeinsamen Schwerpunkten der BRI skizziert wurde. Die Initiative wird sechs Hauptrou-

*Zusammenarbeit statt Konfrontation*

ten und sechs internationale Korridore für eine wirtschaftliche Zusammenarbeit umfassen.

Die sechs Hauptrouten:
- China und Europa über Zentralasien und Russland
- China und Mittlerer Osten über Zentralasien
- China und Südostasien, Südasien und der Indische Ozean
- Die maritime Seidenstraße des 21. Jahrhunderts unter Einbeziehung chinesischer Küstenhäfen
- China und Europa über das Südchinesische Meer und den Indischen Ozean
- China und der Südpazifik über das Südchinesische Meer

Die sechs internationalen strategischen Korridore für wirtschaftliche Zusammenarbeit:
- Die neue Eurasische Kontinentalbrücke
- Der Wirtschaftskorridor zwischen China, der Mongolei und Russland
- Der Wirtschaftskorridor zwischen China, Zentral- und Westasien
- Der Wirtschaftskorridor zwischen China und der Indochinesischen Halbinsel
- Der Wirtschaftskorridor zwischen China und Pakistan
- Der Wirtschaftskorridor zwischen Bangladesch, China, Indien und Myanmar

Durch die BRI, um die »sechs strategischen Korridore« herum, werden neue Wirtschaftszonen entstehen. Dabei sollen diese Korridore in einem umfassenden Konzept folgende Ziele verbinden: Schlüsselprovinzen Chinas und Städte mit Partnerstädten in den nordwestlichen und südwestlichen Teilen Chinas mit Zentral-, Süd- und Südostasien; strategische Hafenstädte in Chinas südlichen und Küstenregionen mit bedeutenden Häfen in Afrika, Südostasien und dem Mittleren Osten; und die Industrieprovinzen im Nordosten mit Russland und der Koreanischen Halbinsel.

75

*Zusammenarbeit statt Konfrontation*

Die sechs strategischen Korridore werden an Chinas bestehende urbane Transportnetze und Häfen angebunden und durch eine Aufstockung der Investitionen in die Sanierung von Bestandsanlagen gefördert. Im Folgenden wollen wir die sechs im Aufbau befindlichen Wirtschaftskorridore sowie jene Städte und Häfen, die als Drehscheiben für Handel und Transport entlang der Neuen Seidenstraße vorgesehen sind, kurz skizzieren.


### Die neue Eurasische Kontinentalbrücke

Die neue Eisenbahnlinie von Asien nach Europa wird zur wichtigsten Verbindungsroute über Land zwischen den beiden Kontinenten. Sie verläuft quer durch Ost-, Zentral- und Westchina über Kasachstan, Russland, Weißrussland und Polen bis nach Rotterdam in Holland und verbindet den Atlantischen mit dem Pazifischen Ozean. Auf ihr werden hauptsächlich Güter transportiert. China und Europa waren 2017 durch 39 Fracht- und Personenzugverbindungen verbunden. Für Unternehmen wird der Dschungel von weltweit 130 Transportvereinbarungen, die China laut eigenen Angaben bereits unterschrieben hat, allerdings nicht einfach zu durchblicken sein.

Die interkontinentale Zugstrecke beginnt in Lianyungang und umfasst die Verbindungsstrecken von Lanzhou nach Lianyungang und von Lanzhou nach Xinjiang. Dieses Schienennetz überspannt sechs von Chinas Provinzen und eine autonome Region: Jiangsu, Anhui, Henan, Shaanxi, Gansu, Qinghai und Xinjiang. Sie erreicht die chinesisch-kasachische Grenze und teilt sich in drei Routen, die sich erst in Rotterdam wieder vereinigen. Nachfolgend der Verlauf der Routen:

- Die Nordroute führt über Moskau bis nach Warschau und Berlin und endet schließlich in Rotterdam.

*Zusammenarbeit statt Konfrontation*

- Die Mittlere Route bindet Russlands Eisenbahnnetz mit ein und verläuft durch Polen über Warschau bis Rotterdam.
- Die Südroute verläuft über Warschau und Berlin, passiert aber nicht Moskau. Dieses Schienennetz wird 2000 Kilometer Transportdistanz und die damit verbundenen Kosten einsparen helfen.

Die Transportwege übers Meer, die man früher nutzte, waren mit höheren Transportkosten verbunden. Eine Investition in die drei Bahnstrecken reduziert die Transportkosten um nicht weniger als ein Drittel.

Bereits geöffnete Frachtrouten:
- Von Chongqing nach Duisburg
- Von Wuhan nach Mělník und Pardubice (Tschechien)
- Von Chengu nach Lodz (Polen)
- Von Zhengzhou nach Hamburg

Sämtliche neuen Routen bieten Rail-to-Rail-Güterfrachtverkehr und eine praktische Frachtgutabwicklung unter dem Motto: eine Erklärung, eine Inspektion, eine Frachtfreigabe.


## Der Wirtschaftskorridor zwischen China, der Mongolei und Russland

Geplant sind drei Korridore durch den Norden, die Mitte und den Süden von Xinjiang im Nordwesten Chinas mit folgenden Verbindungen:
- Von China nach Russland
- Von China in die Mongolei
- Von Russland in die Mongolei

Außerdem ist ein Um- und Ausbau der Eurasischen Kontinentalbrücke auf russischem Boden vorgesehen und die Verwirklichung des mongolischen Programms »Steppenstraße«.

*Zusammenarbeit statt Konfrontation*

Der chinesisch-mongolisch-russische Wirtschaftskorridor ist bedeutsam, weil er das Schienennetz, das die weiten Steppen Sibiriens und der Mongolei überspannt, mit den Industrieregionen und Häfen im Norden und Nordosten Chinas verbindet. Dieser Korridor teilt sich in zwei Routen: Der erste Korridor führt von der chinesischen Hauptstadt Peking und der benachbarten Stadt Tianjin mit ihrem Industriehafen nach Hohhot, der Hauptstadt von Chinas Autonomieregion Innere Mongolei, von dort weiter nach Ulan Bator, der Hauptstadt der Mongolei, und quer durch Russland. Der zweite Korridor verläuft durch den Nordosten Chinas über die Städte Dalian, Shenyang, Changchun und Harbin durch jenes Gebiet, das zu Zeiten der alten Seidenstraße noch Mandschurei hieß. Dieser Korridor wird ein Areal bis hinauf zu Russlands Ostküste erschließen.

## Der Wirtschaftskorridor zwischen China, Zentral- und Westasien

Xinjiang via Alashankou
- Durch Kasachstan, Kirgisistan, Tadschikistan, Usbekistan und Turkmenistan
- Über Iran und Türkei nach Moskau
- Zur Mittelmeerküste und Arabischen Halbinsel

Dieser Wirtschaftskorridor wird die Türkei, Kasachstan, Tadschikistan, Kirgisistan und Turkmenistan verbinden und via Iran schließlich die Arabische Halbinsel erreichen. Hier liegt der Fokus auf natürlichen Rohstoffen, Mineralien und Edelsteinen als den wesentlichen künftigen Wirtschaftsfaktoren.

## Der Wirtschaftskorridor zwischen China und der Indochinesischen Halbinsel
Neun länderübergreifende Schnellstraßen in der erweiterten Mekong-Subregion

- Eine Autobahn von Guangxi zum Freundschaftspass und dem Hafen von Dongxing
- Eine internationale Zugverbindung von Nanning nach Hanoi
- Flugrouten zu mehreren Großstädten Südostasiens

Dieser Wirtschaftskorridor umfasst die Länder Vietnam, Laos, Kambodscha, Myanmar, Thailand und Malaysia, die einst alle über die alte Seidenstraße wirtschaftlich und kulturell eng mit China verbunden waren. Verbunden werden die in Vietnam gelegenen Städte Hanoi und Haiphong mit Myanmar und Singapur. Am Beginn der Entwicklung des Korridors stand die Ausweitung von Chinas Wirtschaftszone Pearl River Delta. Darauf aufbauend wird er einmal bis zur Indochinesischen Halbinsel reichen. Neben Straßen werden Schienenverkehrsnetze die grundlegende Infrastruktur bilden. Nanning, die Hauptstadt der Autonomieregion Guangxi, wird Chinas wichtigste Verbindungsstadt für diesen Korridor. Die Bauarbeiten an diesem Netzwerk begannen im Jahr 2016. Geplant ist ein Investitionsvolumen von 17 Milliarden Yuan (2,5 Milliarden US-Dollar).


## Der Wirtschaftskorridor zwischen China und Pakistan
Von Kashgar, Xinjiang bis nach Gwadar in Pakistan

- Phase II des Um- und Ausbaus des Karakoram Highways (Abschnitt von Thakot nach Havelian)
- Autobahn an der östlichen Bucht von Gwadar
- Neuer internationaler Flughafen für Gwadar
- Autobahn von Karatschi nach Lahore

*Zusammenarbeit statt Konfrontation*

- Automatisierte Schnellbahn in Lahore (Orange Line), Haier-Ruba-Wirtschaftszone
- Grenzüberschreitendes Glasfasernetzwerk zwischen China und Pakistan

Zur Kerninfrastruktur dieses Projekts werden neben dem Straßen- und Schienenverkehr auch Energieversorgungsnetze und Pipelines zählen. Das Gesamtvolumen aller Investitionen wird sich auf 45 Milliarden US-Dollar belaufen und 51 Absichtserklärungen und Vereinbarungen beinhalten. Die Fertigstellung dieses Wirtschaftskorridors, von dem die drei Milliarden Menschen, die in dieser Region leben, profitieren werden, ist für 2030 geplant.

### Der Wirtschaftskorridor zwischen Bangladesch, China, Indien und Myanmar

Im Mai 2013 regte Chinas Ministerpräsident Li Keqiang die Schaffung dieses Korridors anlässlich eines Staatsbesuchs in Indien an. Das erste Treffen einer gemeinsamen Arbeitsgruppe aller vier beteiligten Länder fand noch im selben Jahr statt und endete mit dem Beschluss, diesen Korridor zum Nutzen aller beteiligten Länder in Angriff zu nehmen. Seinen Ausgangspunkt soll er in Kunming haben, der Hauptstadt der Provinz Yunnan. Wichtige Städte, die von Kunming aus Anbindung finden sollen, werden Mandalay in Myanmar, Dhaka in Bangladesch und Kalkutta in Indien sein. Derzeit befindet man sich noch im Planungsstadium.

## Chinas Rolle als Seemacht

Ende 2015 befanden sich rund zwei Drittel der 50 weltweit wichtigsten Containerhäfen in chinesischer Hand oder China war zumindest finanziell an ihnen beteiligt. Chinas Fischereiflotte umfasst 200 000 Boote weltweit, rund 980 Milliarden Euro will China in den nächsten Jahren in den Ausbau von Häfen und Schifffahrtsnetzen investieren. Fünf der zehn größten Containerboards befinden sich auf dem chinesischen Festland, eines davon in Hongkong. Chinas Anteil an dem von den zehn weltweit größten Betreibern abgewickelten Handel beträgt 39 Prozent. (bit.ly/2jbfpPJ)

In politischen und Medienkreisen durchaus bekannt, jedoch bis jetzt kaum ins Bewusstsein der westlichen Durchschnittsbevölkerung vorgedrungen ist die Tatsache, dass China von allen Großmächten über die am schnellsten wachsende Marine verfügt und inzwischen eine führende Seemacht ist. Noch vor wenigen Jahrzehnten war China davon weit entfernt. Doch blicken wir 600 Jahre zurück. Damals stellte sich die Lage ganz anders dar.

Im Jahr 2005 erinnerte man in China mit einer Reihe von Feierlichkeiten an die Expeditionen des chinesischen Admirals Zheng He. Im Jahr 1405, also 600 Jahre zuvor, in der Zeit der Ming-Dynastie des 15. Jahrhunderts, hatte Zheng He eine Flotte von mehr als 200 Schiffen mit einer Besatzung von über 27 000 Mann auf der ersten von sieben als »Schatzreisen« bezeichneten Expeditionen befehligt. Sein Flaggschiff war gut 120 Meter lang, hatte neun Masten, zwölf rote Segel und konnte eine Besatzung von 1000 Mann aufnehmen. Zhengs riesige Dschunken übertrafen selbst die größten portugiesischen Schiffe an Größe um ein Mehrfaches, was gut zum eindrucksvollen Erscheinungsbild des 2,13 Meter großen Admirals passte.

*Zusammenarbeit statt Konfrontation*

Doch trotz des außergewöhnlichen Formats des Admirals und seiner Schiffe galten seine Reisen nicht der Eroberung neuer Gebiete, sondern einer Ausdehnung des Einflussbereiches Chinas. Fast ein Jahrhundert bevor die Portugiesen die Südspitze Afrikas umschifften und nach Indien gelangten, war Zheng Hes Schatzflotte auf ihren Reisen bis zum Jahr 1433 über den Pazifik und den Indischen Ozean bis nach Arabien und Ostafrika gesegelt.

Zhengs siebte und letzte Reise führte ihn nach Südostasien, an Indiens Küste, den Persischen Golf, das Rote Meer und die Küste Ostafrikas. 1433 starb der Admiral in Kalkutta, und die Flotte kehrte nach China zurück. Als Seemacht war sich China seines Potenzials zur Ausdehnung seines Territoriums bewusst, entschied sich aber dafür, es nicht zu nützen. Heute gedenken die Chinesen Zheng Hes als »eines Abgesandten der Freundschaft«, der, wie die Chinesen gerne betonen, Porzellan und Seide brachte statt Blutvergießen, Plünderungen und Kolonialismus.

Daher gefiel den Chinesen auch die geistreiche Art des malaysischen Ministerpräsidenten Mohammed Mahathir, die er bei einer Konferenz in Peking bewies. Als ihn jemand aus dem Publikum fragte, ob er eine Übernahme Malaysias durch China befürchte, lachte er und erwiderte: »In Malaysia treiben wir seit fast 2000 Jahren Handel mit China. Nie hat man versucht, uns zu besetzen. Eines Tages tauchten drei Schiffe aus Portugal vor der Küste von Malakka am Horizont auf. Und jetzt raten Sie mal, was passierte: Drei Monate später waren wir eine Kolonie.«

82

## Weltmacht ja, Kolonialmacht nein

China widerspricht heftig jedem Kommentar, der dem Land die Absicht unterstellt, BRI-Staaten, vor allem in Zentralasien, gleichsam zu kolonialisieren. Dennoch hat seine zunehmende maritime Stärke einen Einfluss auf die Sicherheit von Seerouten und kommerziellen sowie militärischen Häfen. Zudem befördern Chinas Speditionslinien mehr Container als die Schifffahrtslinien irgendeines anderen Landes. Das Land hat daher großes Interesse an der Stabilität und Sicherheit der Seehandelswege, sowohl in Hinblick auf kommerzielle als auch auf Marinehäfen. Zugleich erreichen Chinas Ölimporte das Land überwiegend auf dem Seeweg. Jede Störung könnte der Wirtschaft Schaden zufügen. Chinas Hafenbetreiber nehmen eine Spitzenposition im weltweiten Netzwerk der Häfen ein.

Im Jahr 2016 bestätigte China den Bau seines ersten Überseestützpunkts in Djibouti bei der Meerenge am Horn von Afrika. Im Sommer 2017 wurden bereits die ersten Soldaten dort stationiert. Während *People's Liberation Army Daily*, die Militärzeitung der Volksbefreiungsarmee, die Anlage als friedensstiftend bezeichnete, ließ Chinas *Global Times* keinen Zweifel daran, dass es sich um eine Militärbasis handelt.

## Die Hauptdrehscheiben der »Belt and Road Initiative«

Das Netzwerk der BRI deckt 18 Provinzen, Sonderverwaltungszonen und Schlüsselkommunen in ganz China ab. Sie wurden auf der Grundlage ihrer vorhandenen und bewährten Straßen- und Schienennetze ausgewählt. Diese Gebiete

*Zusammenarbeit statt Konfrontation*

sind folglich gut aufgestellt und in der Lage, sich zu regionalen Drehscheiben für Handel und Transport weiterzuentwickeln. Chinas Zentralregierung hat dazu sechs Provinzen und Autonomieregionen im Nordwesten Chinas, jeweils drei im Nordosten und Südwesten des Landes, fünf in den südlichen Küstenprovinzen und zwei Schlüsselkommunen im Landesinneren bestimmt. Im Folgenden ein Überblick über die 18 ausgewählten Provinzknotenpunkte Chinas:

### Die Region Nordwest

Die Bedeutung dieser Region liegt in ihrer Anbindung an die westwärts führenden Schienen-, Pipeline- und Telekommunikationsnetze Zentral- und Südasiens sowie an die nach Nordwesten durch die Innere Mongolei führenden Netze in Ostasien. Auf den Spuren der antiken Seidenstraßenroute umfasst die Region Nordwest die autonome Region Xinjiang Uygur, Shaanxi, Gansu, die Sonderverwaltungszone Ningxia Hui, Qinghai sowie die autonome Region der Inneren Mongolei.

### Die nordöstlichen Provinzen

Hierzu gehören die Industriezentren Heilongjiang, Jilin und Liaoning im Nordosten des Landes, eine Region, die mit ihren modernen Eisenbahn- und Hafenanlagen als historisches Rückgrat von Chinas verarbeitender Industrie bekannt ist. Als Teil der Ostküstenstrategie der BRI kommt den drei Provinzen eine tragende Funktion bei der Anbindung von Zug- und Schiffslinien an die russische Ostküste sowie an Nord- und Südkorea zu.

## Die südwestlichen Provinzen

Dieser Kamm entlang der Himalaja-Hochebene und seiner nach Südwesten hin ablaufenden fließenden Gewässer umfasst die Sonderverwaltungszone Guangxi, die autonome Region Tibet und die Provinz Yunnan. In dieser Region leben zahlreiche ethnische Minderheiten, von denen viele kulturell mit in den benachbarten Ländern Indien, Nepal, Bangladesch und Myanmar lebenden Volksgruppen verbunden sind. Die Provinzen sind sensibel und komplex in ihrer ethnisch-kulturellen Vielfalt und zerbrechlich in ihrer Ökologie. Infolgedessen existieren zwar kaum Pläne zur industriellen Erschließung, jedoch liegt ein Schwerpunkt auf dem Ausbau von Straßen- und Schienenverkehrswegen zur Anbindung an Südasien und Hinterindien.


## Die südlichen Küstenprovinzen

Chinas wichtige Küstenhäfen, darunter Städte wie Schanghai, Fujan, Guangdong und Hainan, bilden einen Gürtel, der sich von den östlichen bis in die südlichen Küstengebiete erstreckt. Investitionen in Technologie im Rahmen der Richtlinien der BRI werden den Provinzen neue Dynamik verleihen und ihre Leistungsfähigkeit weiter verbessern. Diese Küstenzone ist entscheidend, um die Reichweite von Chinas übergreifendem Seefrachtnetzwerk zu steigern. Den Häfen kommt eine besondere Bedeutung für die maritime Seidenstraße zu, indem sie die Schifffahrtslinien vom Südchinesischen Meer in Richtung Südostasien, Südpazifik, Andamanensee und Indischer Ozean bis zu Umschlagplätzen in der Golfregion und an Afrikas Swahili-Küste verlängern.

*Zusammenarbeit statt Konfrontation*

## Die Schlüsselkommunen im Landesinneren

Peking ist Chinas Zentrum für Politik, Kultur, internationale Kommunikation, Wissenschaft, Technologie und Innovation. Es ist die Stadt mit den meisten Weltkulturgütern der Erde. Nach einer vorläufigen Berechnung hatte Peking Ende 2016 ca. 21,7 Millionen Einwohner, das BIP der Stadt belief sich auf 2,49 Billionen Yuan (361 Milliarden US-Dollar).

Chongqing, eine der größten Städte der Welt, zählt zu Chinas wichtigsten Zentren für industrielle Produktion. Hier sind viele Maschinenbetriebe ansässig, deren Erzeugnisse einen wesentlichen Faktor bei Chinas BRI-Exporten von Infrastrukturausrüstung darstellen. Über ein komplexes Netz aus bereits vorhandenen und ziemlich ausgeklügelten Straßen- und Schienenanlagen ist Chongqing bereits direkt und eng mit anderen Regionen vernetzt.

## Die 15 wichtigsten Häfen

China hat 15 Häfen ausgewählt, die als Hauptterminals für den Seeverkehr auf der maritimen Seidenstraße des 21. Jahrhunderts im Rahmen der Richtlinien der BRI fungieren sollen, nämlich Schanghai, Tianjin, Ningbo-Zhoushan, Guangzhou, Shenzhen, Zhanjiang, Shantou, Qingdao, Yantai, Dalian, Fuzhou, Xiamen, Quanzhou, Haikou und Sanya.

Um ihre Funktion als internationale Luftfrachtzentren zu stärken, hat Chinas Zentralregierung weitere Investitionen in den Verwaltungsbezirken Schanghai und Gouangzhou beschlossen.

**86**

## Die sekundären Drehkreuze im Landesinneren unter den Richtlinien der »Belt and Road Initiative«

Neben den Korridoren wurden zehn Schlüsselstädte als Empfänger bedeutender staatlicher Investitionen bestimmt, die so ihre Rolle als zusätzliche Verkehrsdrehscheiben für Handel und Transport entlang der Neuen Seidenstraße ausbauen können: Xi'an, Lanzhou, Xining, Chongqing, Chengdu, Zhengzhou, Wuhan, Changsha, Nanchang und Hefei.

Diese Verbindungsstädte der zweiten Kategorie sollen als subregionale Verkehrsknoten und unterstützende Logistikzentren für den Waren- und Rohstoffumschlag dienen. Chinas Zentralregierung hat die Flughäfen dieser Städte für weitere Investitionen zum Ausbau ihrer Luftfracht- und Transportkapazitäten vorgesehen. Darüber hinaus werden diese Städte zu einem Investmentfokus als E-Commerce-Zentren für den Logistiksupport.


## Chinas Expressrouten im Bahnverkehr

*Zhengzhou–Hamburg*
Entfernung: 10 214 km
Zeit: 16 Tage
Eröffnung: Juli 2013

*Hefei–Hamburg*
Entfernung: 11 000 km
Zeit: 15 Tage
Eröffnung: Juni 2015

*Chongqing–Duisburg*
Entfernung: 11 000 km
Zeit: 16 Tage
Eröffnung: Oktober 2011

*Zusammenarbeit statt Konfrontation*

*Wuhan–Duisburg*
Entfernung: 10 700 km
Zeit: 15 Tage
Eröffnung: Oktober 2012

*Changsha–Duisburg*
Entfernung: 11 808 km
Zeit: 16 Tage
Eröffnung: Oktober 2014

*Suzhou–Warschau*
Entfernung: 11 200 km
Zeit: 15 Tage
Eröffnung: November 2012

*Yiwu–Madrid*
Entfernung: 13 052 km
Zeit: 21 Tage
Eröffnung: November 2014

*Gongguan–Duisburg*
Entfernung: 13 488 km
Zeit: 19 Tage
Eröffnung: April 2016

*Chengdu–Lodz*
Entfernung: 9965 km
Zeit: 14 Tage
Eröffnung: April 2013

Unter dem Dach der China Railway Corporation bedient China derzeit 39 Eisenbahnlinien nach Europa mit Zügen, die alle hinsichtlich Lokomotiventyp und Design identisch

*Zusammenarbeit statt Konfrontation*

sind. Viele Länder Mittel- und Osteuropas müssen ihre Eisenbahnanlagen modernisieren – China besitzt die dafür erforderliche Technik, Manpower und das nötige Kapital.

China verfügt nun auch über die für den Bau einer Zugverbindung zwischen Tibet und dem südasiatischen Kontinent nötige Erfahrung. Bis 2030 sollen drei Erweiterungsstrecken der Lhasa-Bahn verwirklicht werden. Die Verbindung durch den Himalaja würde vom tibetischen Xigazê über Gyirong, einen Hafen an der chinesischen Grenze, bis nach Nepal führen.

Tibet wurde bereits 2006 durch den Bau der 1100 Kilometer langen Bahnstrecke von Chengdu nach Lhasa an das restliche China angeschlossen. Die 250 Kilometer lange Zugverbindung zwischen Lhasa und Xigazê wurde 2014 fertiggestellt. Der Abschnitt von Xigazê nach Gyirong soll im Zeitraum des 13. Fünfjahresplans (2016 bis 2020) gebaut werden. Auf diese Weise hofft Nepal auf eine Anbindung Kathmandus als Teil der internationalen Bahnstrecke zwischen China und Nepal.

# Welche Kontinente sind an der »Belt and Road Initiative« beteiligt?

## Afrika

Chinas Beziehung zu Afrika reicht bis in vorchristliche Zeiten zurück. Archäologische Fundstücke in Kenia, die aus der Zeit der Tang-Dynastie (617/618–907) datieren, dürften jedoch vom bereits erwähnten Seefahrer Zheng He (1371–1433) mitgebracht worden sein. Schon seine Reisen hatten vor allem einen Grund: die Verbreitung der chinesischen Kultur und die Zurschaustellung ihrer Stärke.

Der vom amerikanischen Politikwissenschafter Joseph S. Nye geprägte Begriff »Soft Power« wird von China häufig zitiert und galt schon lange vor seiner Definition als Handlungsmaxime in Bezug auf Afrika. Die historisch gewachsene Beziehung zu Afrika wurde durch Chinas Unterstützung beim Widerstand gegen die Apartheid schließlich noch vertieft.

Um den wirtschaftlichen Aufstieg Afrikas zu fördern, bot und bietet China kostenlose Ausbildungsmöglichkeiten für afrikanische Studenten. Rund 50 000 Stipendien und zehn Programme zur dualen Ausbildung im IT-Bereich sagte Präsident Xi Jinping anlässlich des China-Afrika-Forums 2018 zu. Sie werden die Chancen erhöhen, offene Stellen mit Afrikanern besetzen zu können. Eine ganze Reihe derjenigen, die China ihre Ausbildung verdanken, sind heute in führenden Positionen in der Geschäftswelt und in der Regierung tätig, viele davon sprechen fließend Chinesisch. Natürlich kommt diese Dankbarkeit China sehr gelegen, aber für den Einzelnen ist es dennoch die Tür zu einem besseren Leben.

*Welche Kontinente sind an der BRI beteiligt?*

Es gibt kritische Stimmen, die die Sinnhaftigkeit einiger afrikanischer Infrastrukturprojekte anzweifeln, und ganz sicher haben solche Wortmeldungen auch ihre Berechtigung. Die Ursache, dass Projekte dieser Art mit Chinas Hilfe doch zustande kamen, ist zum Teil eine gewisse Frustration angesichts von Ablehnungsbescheiden der Weltbank für geplante Projekte bis hin zu Eigen- und Inlandsinteressen afrikanischer Politiker. Doch wie immer einzelne Vorhaben beurteilt werden, um einen wirtschaftlichen Aufschwung zu erreichen, musste und muss Afrika seine Infrastruktur, Straßen, Bahnen und Häfen, ausbauen. Diesbezüglich ist Chinas eigene Erfahrung im Infrastrukturaufbau von großem Nutzen und wichtig für Afrika.

Es bleibt dennoch ein gewisses Misstrauen, das auf zwei Faktoren beruht:

1) Bei chinesischen Investments in Infrastrukturprojekte werden meist chinesische Arbeiter eingesetzt. Die Afrikaner wünschen sich eine stärkere Beteiligung am eigentlichen Bau, um Arbeitsplätze vor Ort zu schaffen.

2) Manche chinesischen Kleinunternehmen drängen aggressiv in den Markt und machen alteingesessenen afrikanischen Firmen Konkurrenz.

Diese Sorgen können in Ressentiments umschlagen. China ist sich der Notwendigkeit bewusst, mit Groll und Frustration umzugehen, und sucht nach Lösungen, die Probleme sowohl aus chinesischer als auch aus afrikanischer Sicht anzugehen. Vor Ort ist das allerdings nicht so einfach wie in Form offizieller Erklärungen und auf Papier. Wer schon einmal mit Chinesen und in China gearbeitet hat, weiß um die große Einsatzbereitschaft und das Durchsetzungsvermögen, wenn es darum geht, gesetzte Ziele zu erreichen.

Chinas offizielle Politik Afrika gegenüber wird von dem

*Welche Kontinente sind an der BRI beteiligt?*

bereits erwähnten im Jahr 2000 gegründeten Forum für China-Afrika-Kooperation (FOCAC) gelenkt. Die so koordinierten Anstrengungen erleichtern die Abstimmung von Infrastrukturmaßnahmen zwischen verschiedenen afrikanischen Ländern sowie die Bereitstellung und Verbesserung der Konnektivität. FOCAC liefert außerdem detaillierte Marktzugangsdaten an chinesische Unternehmen und reflektiert die Bedürfnisse und Anliegen afrikanischer Führungskräfte und Firmen. Auch für deutsche und österreichische Firmen wäre dies sehr nützlich. Bedenkt man, dass Deutschland als viertgrößte Volkswirtschaft der Welt derzeit nur mit rund 800 Unternehmen in Afrika vertreten ist, kann man diesen Zustand als sehr ausbaufähig bezeichnen. Vor allem die deutsche Privatwirtschaft sieht Afrika noch nicht als lohnenswertes Ziel. Wobei die Ausgangslage in den verschiedenen afrikanischen Ländern natürlich nicht in einen Topf geworfen werden kann und wir zumindest in der derzeitigen Situation auf die Subsahara-Staaten Bezug nehmen. In der Bewertung der tatsächlichen Situation wird man unterschiedliche, zum Teil widersprüchliche Meinungen hören, ausgehend vom jeweiligen Standpunkt und wohl auch Eigeninteresse des Landes, der Unternehmen oder des Beobachters.

Ungeachtet aller politischen und weltanschaulichen Präferenzen – Afrikas Konsumenten sind jung und wollen ihr Geld, das sie dank der wirtschaftlichen Entwicklungen jetzt verdienen, auch ausgeben. (mck.co/2j9rHWL) Der Ausbau von rund 5000 Kilometern an Straßen und Schienenwegen erlaubt den Transport von Gütern in einst kaum erreichbare Regionen. Zudem haben Smartphones die Märkte revolutioniert, gerade die erschwinglichen chinesischen Geräte haben einen großen Beitrag dazu geleistet. Dennoch liegt die mobile Durchdringungsrate in weiten

*Welche Kontinente sind an der BRI beteiligt?*

Teilen Zentralafrikas noch unter 50 Prozent. Die Zahl der Internetnutzer ist 2018 um 20 Prozent gestiegen. (bit.ly/2seDCKP)

Für chinesische Unternehmen, die in einem afrikanischen Land investieren, ist das Wohlwollen vonseiten der heimischen Führung sicher ein zusätzlicher Anreiz. Aus der Sicht der Strategie der BRI sollen Investitionen dem Kontinent da zugutekommen, wo Infrastruktur und Konnektivität im Fokus der Entwicklung stehen. Wo diese Voraussetzungen von chinesischen Unternehmen geschaffen werden, öffnen sie auch für deutsche Unternehmen neue Märkte. »Follow the Dragon« mag eine durchaus gute erste Überlegung sein.

Formulierungen chinesischer Politiker sind, ganz im sprachlichen Stil des Landes, oft ziemlich pathetisch. Das stört besonders dann, wenn die Umsetzung hinterherhinkt. Allerdings ist auch das Statement des Deutschen Bundesentwicklungsministers Dr. Gerd Müller, das auf der Website des Bundesministeriums für wirtschaftliche Zusammenarbeit und Entwicklung als Einleitung zu einem Artikel mit dem Titel »Ein Marshallplan mit Afrika« zitiert wird, bemerkenswert: »Wir brauchen einen Paradigmenwechsel und müssen begreifen, dass Afrika nicht der Kontinent billiger Ressourcen ist, sondern die Menschen dort Infrastruktur und Zukunft benötigen.« (bit.ly/2PS7eJn) So weit, so gut. Ein wenig sauer wird es so manchem Afrikaner aufstoßen, wenn er die Überschrift eines weiteren Dokuments auf dieser Website liest: »Reformpartnerschaften erfolgreich gestartet – nächster Schritt: Europäisierung.« (bit.ly/2BuE36k) Wie würden deutsche Reaktionen lauten, wenn die chinesische Führung etwa folgendes Statement abgäbe: Reformpartnerschaften erfolgreich gestartet – nächster Schritt: Chinesierung?

*Welche Kontinente sind an der BRI beteiligt?*

China ist bestrebt, den Eindruck einer verdeckten Übervorteilung oder Einflussnahme in den Ländern der BRI zu vermeiden. Zu glauben, dass Chinas Investitionen jedoch ohne Einfluss bleiben, wäre eine Illusion. Ungeachtet dessen ist es ein Vorteil, dass die BRI in erster Linie nach Chancen sucht und nicht nach der Lösung von Problemen. Dabei kommen China sein Einparteiensystem und der unantastbare Führungsanspruch der Kommunistischen Partei zugute. Denn während in Deutschland Regierungsbildungen und Koalitionsdebatten große Verzögerungen in der Umsetzung geplanter Maßnahmen schaffen, ist der Weg von der Idee zur Implementation in China ziemlich kurz.

Woher auch immer das Geld kommt, Afrikas Staaten wollen weder durch China noch durch Europa oder die USA in ein Korsett gezwängt werden. Das steht hinter dem Beschluss von 44 afrikanischen Ländern, eine gemeinsame afrikanische Freihandelszone zu etablieren. Das Gründungsabkommen der sogenannten African Continental Free Trade Area (AfCFTA) wurde im März 2018 unterzeichnet. Ihr Ziel ist es, den innerafrikanischen Handel durch die sukzessive Abschaffung von Grenzkontrollen und Handelsschranken zu stärken und wirtschaftliche Möglichkeiten für den Rest der Welt und speziell für globale Investoren zu schaffen.

## Südamerika

Wer die zahlreich publizierten Routen studiert, die durch die an der BRI beteiligten Länder führen, wird vergeblich nach Südamerika Ausschau halten. Doch sieht man sich in den Ländern Lateinamerikas um, erkennt man, dass Latein-

*Welche Kontinente sind an der BRI beteiligt?*

amerika schon lange in die Wachstumsstrategie Chinas mit-
einbezogen wurde. Nicht nur die Politik Donald Trumps
leistet dabei ungewollt Hilfe.

Viele Jahre lang galt Lateinamerika als der Hinterhof der
Vereinigten Staaten. Knapp formuliert, lässt sich Lateinamerikas Beziehung zu den USA gegenüber Lateinamerikas
Beziehung zu China mit Einmischungs- versus Nichteinmischungspolitik umschreiben. Und das seit dem Abhängig-
keitsverhältnis aus den Tagen der »Big-Stick-Politik« Theo-
dore Roosevelts. Die USA hielten an dem fest, was Robert E.
Olds, Unterstaatssekretär im Außenministerium, 1929
sagte: »In dieser Region gibt es keinen Platz für irgendeinen
anderen Einfluss von außen als jenen von uns. Wir könnten
so etwas nicht dulden, ohne schwerwiegende Risiken einzugehen. Bis jetzt hat Mittelamerika stets verstanden, dass
Regierungen, welche wir anerkennen und unterstützen, an
der Macht bleiben, während jene, die wir nicht anerkennen
und unterstützen, scheitern werden.«

Die gesamten 1990er-Jahre hindurch buhlten südamerika-
nische Staaten um Chinas Engagement in Südamerika, in der
Hoffnung, Investoren anlocken und den Handel ankurbeln
zu können. Jahrelang zögerte China, da es damit den Einflussbereich der Vereinigten Staaten betreten würde. Abwar-
ten, lautete das Gebot der Stunde, doch die Länder Südame-
rikas waren es allmählich leid, von den USA beherrscht und
gemaßregelt zu werden, und China gewann an wirtschaftlicher Stärke. An der politischen Front befanden sich Argentinien, Brasilien, Bolivien, El Salvador, Ecuador, Nicaragua,
Peru, Paraguay, Uruguay und Venezuela gerade in einer
Übergangsphase zu Regierungen, die politisch nach links
tendierten. Zusammen mit der kritischen Haltung gegenüber den USA spielten diese Entwicklungen den Chinesen in
die Hände. Der offensichtlichste Durchbruch gelang 2005,

*Welche Kontinente sind an der BRI beteiligt?*

als China durch eine Vereinbarung mit Chile die erste bilaterale Handelsbeziehung mit Südamerika abschloss und damit den Kontinent für chinesische Investoren öffnete.

Für die Zusammenarbeit mit Lateinamerika und der Karibik hat China ebenso wie für andere Regionen zahlreiche multinationale Foren ins Leben gerufen: die Gemeinschaft der Lateinamerikanischen und Karibischen Staaten (CELAC), die Organisation Amerikanischer Staaten (OAS), die G5-Gruppe (Brasilien, China, Indien, Mexiko und Südafrika), die BRICS-Staatengruppe (Brasilien, Russland, Indien, China, Südafrika) und die BASIC-Staatengruppe (Brasilien, Südafrika, Indien, China).

China, das seine Chance in dem gewaltigen Vakuum begriff, welches in Südamerika entstand, begründete seine Beziehung mit den lateinamerikanischen Staaten auf deren Hunger nach ausländischen Investments, dem Bedarf an Infrastruktur und dem Wunsch, Erzeugnisse nach China zu exportieren. Chinesische Banken haben die Weltbank und den Internationalen Währungsfonds mit mehr als 150 Milliarden US-Dollar an Investitionen bereits hinter sich gelassen. Im kommenden Jahrzehnt will China weitere 250 Milliarden US-Dollar in Lateinamerika investieren. In der Hoffnung auf einen besseren Marktzugang verhandelt Europa bereits seit 20 Jahren mit dem südamerikanischen Staatenbund Mercosur. Bis 2018 konnte kein Übereinkommen erzielt werden.

Während die Verhandlungen mit der EU an der Lösung von Problemen in Zusammenhang mit Agrarprodukten hängen bleiben, erkennt Südamerika die Chancen, ein Teil der BRI zu werden, die Vorteile chinesischer Investitionen in die Landwirtschaft und die Entwicklungspolitik zu nutzen und vor allem einen Zugang zum chinesischen Markt für eine breite Palette von Fleischwaren und Lebensmitteln zu öffnen. Angesichts der Notwendigkeit, in seine Nahrungsmittelsicherheit zu investieren und Qualitätsstandards zu verbessern, ist Südamerika für China von enormer Bedeutung. Wenn China in Großfarmen in Patagonien investiert, werden diese Investitionen in Form von Produkten zurückfließen und dadurch für eine Beschäftigungs- und Branchenentwicklung sorgen.

Im Rahmen des ersten CELAC-Gipfeltreffens im Juli 2014 erfolgte der nächste Schritt in Richtung einer »umfassenden kooperativen Partnerschaft der Gleichheit, der gegenseitigen Vorteile und des gemeinsamen Fortschritts«. Und mit einer der in China so beliebten Formeln wurde alles in ein Zahlengerüst verpackt, etwa in die von Staatspräsident Xi Jinping beim BRICS-Gipfel vorgeschlagene »1+3+6-Rahmenvereinbarung«. Zudem wurde im Mai 2015 im Verlauf von Ministerpräsident Li Keqiangs Vier-Staaten-Tour durch Südamerika mit dem »3x3-Modell« eine neue, auf Zahlen basierende Politik angekündigt.

## Die 1+3+6-Rahmenvereinbarung

1 = »Ein Plan« bezieht sich auf den Abschluss der Kooperationsvereinbarung zwischen China und den CELAC-Staaten (2015–2019) mit den Zielen integratives Wachstum und nachhaltige Entwicklung.

3 = Die »drei Wirtschaftsmotoren« beziehen sich auf die Förderung eines umfassenden Ausbaus der Zusammenarbeit zwischen China und Lateinamerika in den Bereichen Handel, Investment und Finanzen als Triebkraft, wodurch man in den kommenden zehn Jahren das Handelsvolumen zwischen China und Lateinamerika auf 500 Milliarden US-Dollar und die Investitionen in Lateinamerika auf 250 Milliarden US-Dollar steigern will; ebenso sollen auf

*Welche Kontinente sind an der BRI beteiligt?*

lokaler Ebene Währungsabrechnungen und Devisenswaps im bilateralen Handel unterstützt werden.

6 = Die »sechs Industriezweige«, auf die sich China konzentrieren wird, beziehen sich auf die Ankurbelung der Industrieverbindung zwischen China und Lateinamerika mit Energie und Ressourcen, Infrastrukturausbau, Landwirtschaft, Produktion, wissenschaftlicher und technischer Innovation sowie Informationstechnologien als Schwerpunkte der Zusammenarbeit.

### Das 3x3-Modell

Die erste 3 steht für die vorgeschlagene Zusammenarbeit zwischen chinesischen und lateinamerikanischen Unternehmen, Gesellschaften und Regierungen.

Die zweite 3 steht für Kooperation auf den drei Gebieten Logistik, Stromerzeugung und Informationstechnologie gemäß den Regeln einer marktorientierten Wirtschaft.

Die dritte 3 steht für Finanzierungswege in puncto Kapital, Kredite und Versicherungen bei der Zusammenarbeit zwischen China und Lateinamerika.

Bei einem Treffen Chinas mit 33 Mitgliedern der CELAC im Januar 2018 wurde ein weiteres Übereinkommen unterzeichnet, das die Beziehungen zwischen den Partnern vertiefen soll. Ungeachtet aller Schwierigkeiten wird China investieren und die Entwicklung in den lateinamerikanischen Regionen vorantreiben in Hinblick auf eine, wie von beiden Seiten proklamiert, nutzbringende Beziehung.

## Mittelamerika/Karibik

Chinas Beitritt zur Welthandelsorganisation 2002 und seine Go-Out-Politik waren Wendepunkte, die es ermöglichten, die Beziehungen zu den Karibikstaaten zu vertiefen. China strebt eine Zusammenarbeit in gesellschaftlichen und wirtschaftlichen Angelegenheiten an und bildet damit auch ein Gegengewicht zu Amerikas Präsenz in den asiatischen Ländern.

Die Karibikstaaten wollen Teil der BRI werden, hauptsächlich, um chinesische Investoren ins Land zu holen. Die Dominikanische Republik, nach eigenen Angaben der zweitwichtigste Handelspartner Chinas in der Karibik und Mittelamerika, war einer von 19 Staaten, die diplomatische Beziehungen mit Taiwan unterhielten. 2018 brach der Staat alle diplomatischen Verbindungen zu Taiwan ab, erkannte Peking an und bezeichnete China als »außerordentlich positiv für die Zukunft des Landes«. Ein Schritt, dem Handelsabkommen sowie Übereinkommen in den Bereichen Landwirtschaft, Tourismus, aber auch Bildung und Technologie folgen sollen.

Chinas Beziehung zu und Hilfe für Kuba gehen auf Fidel Castros Sieg 1959 zurück. Damals unterstützte man die Souveränität des Landes und den Antiimperialismus. Heute ist China der größte ausländische Einzelinvestor auf Kuba und hat Russland von dessen Platz als wichtigsten Abnehmer von kubanischem Zucker verdrängt.

Vom 31. Mai bis 6. Juni 2013 absolvierte Präsident Xi Jinping Staatsbesuche in Trinidad und Tobago, Costa Rica und Mexiko. Das Potenzial der sich entfaltenden Beziehungen wurde noch dadurch aufgewertet, dass die Präsidenten der Karibikstaaten Antigua und Barbuda, Barbados, der Bahamas, Dominica, Grenada, Guyana, Surinam und Jamaika

*Welche Kontinente sind an der BRI beteiligt?*

nach Trinidad und Tobago reisten, um sich zu bilateralen Gesprächen mit Präsident Xi Jinping zu treffen. Ziel war es, den Handel auszuweiten und, noch wichtiger, China zu bitten, verstärkt direkt in ihre Länder zu investieren.

Nach zwei Jahrzehnten der Rivalität mit China bei der Produktion von Billigartikeln für den US-amerikanischen Markt erkennt Mexiko die BRI als eine Möglichkeit, die Dynamik von Konkurrenz hin zu Kooperation zu verschieben. In der Vergangenheit war Mexiko der Hauptproduzent von Keramik- und Gartenerzeugnissen für Haushalte in den Vereinigten Staaten. Dank geringer Fixkosten wurden seine Fertigungswerke zu einem sehr lukrativen Geschäft. Doch vor allem nach seinem Beitritt zur Welthandelsorganisation machten Chinas niedrigere Stückkosten Mexikos Wettbewerbsfähigkeit bei diesen Produkten zunichte. Mexikos Einnahmen gingen zurück, und es verlor Marktanteile. Mexiko reichte China die Hand, sinngemäß mit den Worten: »Bekriegen wir uns nicht gegenseitig. Lasst uns lieber zusammenarbeiten und den Markt aufteilen.« Chinesische Unternehmen sollten zunächst in Mexiko investieren, um Produkte herzustellen, die danach im Rahmen des NAFTA-Abkommens für einen gemeinschaftlichen Zugang zum nordamerikanischen Markt sorgen.

## Mittlerer Osten

Zeit ist seit jeher ein entscheidender Faktor im Transportwesen. Zur Zeit Herodots, im 5. Jahrhundert vor Christus, verlief die Persische Königsstraße von der Stadt Susa bis zum Hafen von Smyrna (dem heutigen Izmir) an der Ägäisküste. Poststationen entlang der Strecke, an denen die Pferde gewechselt wurden, ermöglichten es den Kurieren, die

*Welche Kontinente sind an der BRI beteiligt?*

gesamte Distanz von 2857 Kilometern in nur neun Tagen zu bewältigen, wohingegen gewöhnliche Reisende für dieselbe Entfernung drei Monate benötigten. Zeit und Anschlussmöglichkeiten spielen heute bei der Wiederbelebung der alten Seidenstraße eine noch größere Rolle.

Chinas wachsende Bedeutung als Weltmacht manifestiert sich nicht nur in seiner BRI, sondern auch in seinen diplomatischen Anstrengungen. Es war ein symbolträchtiger Akt, als Irans Staatspräsident Hassan Rohani bei der Eröffnung des vierten Gipfeltreffens der Konferenz zur Förderung der Zusammenarbeit und des gegenseitigen Vertrauens in Asien (CICA), das im Mai 2014 in Schanghai stattfand, Chinas Präsidenten Xi Jinping die Hand gab. Und es ist kaum bekannt, dass der Deal zur Aufhebung der Sanktionen gegen den Iran im Jahr 2016, der vom früheren US-Außenminister John Kerry ausgehandelt wurde, nur mit Chinas Hilfe erreicht werden konnte. Mit den Worten »Chinas engagiertes Mitwirken bei den Iran-Verhandlungen als vollwertiger Partner im P5+1« zollte John Kerry Chinas Vermittlerrolle großes Lob.[*] Xi Jinpings Besuch im Iran im Januar 2016 und seine Zusicherung, den bilateralen Handel auf 600 Milliarden US-Dollar auszuweiten, markierten einen bedeutenden Wandel in den chinesischen Beziehungen zum Iran.

Hinzu kommen die Zusage von 550 Millionen US-Dollar seitens einer ungenannten chinesischen Firma zum Bau eines neuen Ölterminals an der Straße von Hormus sowie der 1,2-Milliarden-Dollar-Deal zum Bau einer neuen Megaraffinerie in Abadan, ausgehandelt zwischen Chinas staats-

---

[*] »P5+1« bezieht sich auf die fünf dauerhaften Mitglieder im UN-Sicherheitsrat: China, Frankreich, Russland, das Vereinigte Königreich und die Vereinigten Staaten plus Deutschland.

*Welche Kontinente sind an der BRI beteiligt?*

eigenem Ölriesen Sinopec und dem iranischen Ölministerium. Solche Ölverträge helfen nicht nur, Chinas wachsenden Energiebedarf zu decken, sondern verschaffen dem Reich der Mitte auch ein gewisses Mitspracherecht bei Irans Energiepolitik.

Neben dem Ölankauf im Mittleren Osten betätigt sich China auch als Großinvestor in den Bereichen Infrastruktur, Bauwesen und sogar bei der Produktion. Es ist keine Überraschung, dass sich der Mittlere Osten zunehmend nach China und zur BRI hin orientiert. Das kommt auch Chinas Interesse entgegen, neben den Vereinigten Staaten zu einer möglichen zweiten beziehungsweise alternativen Macht im Mittleren Osten aufzusteigen. Chinas Politik wird als ausgeglichener und neutral empfunden, was bei den Ländern des Mittleren Ostens Vertrauen in Chinas Fähigkeit aufkommen lässt, eine Rolle als Schlichter in einem neutralisierten Konflikt übernehmen zu können.

Diese Meinung wird von Chinas Haltung gegenüber Israel und Palästina bestätigt. China unterhält sowohl ein Büro in Ramallah im Westjordanland als auch diplomatische Beziehungen mit Israel. China treibt mit beiden Seiten Handel, in gleichem Umfang.

In der wirtschaftlichen Entwicklung Südsudans, einem der ärmsten Länder der Erde, nahm China eine zentrale Rolle ein. Zum ersten Mal sah sich China gezwungen, entgegen seiner Nichteinmischungspolitik zwischen Konfliktparteien zu vermitteln. Dabei war der Ansatzpunkt nicht die Präferenz für Präsident Salva Kiir Mayardit oder seinen ehemaligen Vize und dann Rivalen Riek Machar, sondern die Stabilität, die sowohl für den Sudan als auch für China die Basis wirtschaftlicher Zusammenarbeit war. Allerdings, so scheint es zumindest nach außen hin, war das Gewicht, das China bereit war, von sich aus in die diplomatische Waagschale zu werfen, zu leicht. Die durch Vermittlung von Nachbarstaaten zustande gekommene Übergangsregierung wird sich in der schwierigen Praxis erst beweisen müssen.

Aus Sicht des Mittleren Ostens lautet die Frage, wie man China ermutigen kann, sich nicht nur auf den Gebieten der Infrastruktur und des Investments zu engagieren, sondern sich auch an einer Politik zu beteiligen, die bislang durch die Sichtweise einer einzigen Großmacht und deren Blick auf Fragen der Geopolitik und der geopolitischen Konstellation im Mittleren Osten verzerrt wurde.

## Zentralasien

Die zentralasiatischen Länder Kasachstan, Kirgisistan, Usbekistan und Turkmenistan kämpfen noch immer darum, ihre nach dem Fall der Sowjetunion schwächelnden Wirtschaften in Gang zu bringen. Dabei schneidet Kasachstan wohl am besten ab. Wie eingangs erwähnt, waren, als wir 2013 an einer Konferenz in Astana teilnahmen, die Pläne für die neue BRI gerade erst bekannt gemacht worden, doch die Begeisterung war bereits groß.

Kasachstan hat ein BIP pro Kopf von immerhin 8837 US-Dollar, während Kirgisistans BIP pro Kopf nur bei 1219 US-Dollar liegt. (bit.ly/2igrmkD) Kasachstan liefert 88 Prozent seines Erdöls nach Deutschland, Deutschland investierte im Gegenzug bisher rund 3,6 Milliarden US-Dollar in dem Land. Rund 200 deutsche Unternehmen brachten Kapital nach Kasachstan.

Die Zugstrecke von Chongqing nach Duisburg fördert den Handel in Zentralasien und ist, zumindest nach chinesischen Angaben, die einzige Verbindung, bei der die Züge nicht nur voll besetzt nach Deutschland, sondern auch wie-

*Welche Kontinente sind an der BRI beteiligt?*

der voll besetzt nach Chongqing retour fahren. Die EU verspricht sich durch 2016 in Kraft getretene erweiterte Handelsabkommen eine bessere Zusammenarbeit in wirtschaftlichen, administrativen und kulturellen Belangen.

Ein klares Signal für die Stärkung der transnationalen Kooperation zwischen Zentralasien und anderen Staaten der BRI war die Teilnahme Präsident Xi Jinpings an dem Treffen der Schanghaier Organisation für Zusammenarbeit (SCO) in Taschkent im Juni 2016, nachdem er zuvor Serbien, Polen und Usbekistan besucht hatte. Organisationen, Beobachter, Dialogpartner und Gäste der SCO, die sich vorrangig auf Zentralasien konzentriert, sehen die Vorteile einer koordinierten Infrastruktur und Handelspolitik in dem weiter gefassten Konzept der BRI, zumal die an der Initiative beteiligten Staaten bis auf China und Russland keinen Meereszugang haben. Ihr Anschluss an andere Märkte und damit die Möglichkeit, in die erste Phase eines wirtschaftlichen Aufschwungs eintreten zu können, hängt vollständig von Transport- und Kommunikationsnetzen ab. Genau aus diesem Grund verfolgte China den Plan, zunächst eine flächendeckende Infrastruktur mit Straßen und Schienenwegen für den Gütertransport zu schaffen, gefolgt von modernen Kommunikationsnetzen.

Seit der Verhängung von Sanktionen gegen Russland durch die USA und Europa sind China und Russland zur Abstimmung ihrer Verteidigungs- und Sicherheitsbelange enger zusammengerückt. Es besteht kein Zweifel, dass es auch zu einer stärkeren wirtschaftlichen Allianz zwischen diesen beiden Ländern kommen wird. Mittlerweile ist China bereits Russlands größter Handelspartner mit einem Exportvolumen, das 2017 mehr als 84 Milliarden US-Dollar betrug und im Jahr 2018 die 100-Milliarden-Dollar-Grenze überschreiten soll. Chinas Direktinvestitionen stiegen um

72 Prozent und betrugen 2017 2,2 Milliarden US-Dollar. (bit.ly/2QiBex7)

In diesem Zusammenhang sieht Russland die BRI natürlich als eine Möglichkeit, über neue Quellen mehr Wachstum zu generieren. Russland, selbst strategisch gut zwischen China und Europa positioniert, hofft auf eine Beteiligung, indem es vermehrt Konnektivität zur BRI beisteuert.

Angesichts von Chinas Ziel, die Vernetzung im Bereich Handel und Investitionen zwischen Asien und Europa zu fördern, wird eine Modernisierung der Infrastruktur und Bahnanlagen in ganz Russland den Zielen beider Länder nützen und es Russland zudem ermöglichen, neue Beziehungen zu Ländern in Zentralasien, der Mongolei und zu Korea zu knüpfen.

China ist sich bewusst, dass eine Verbesserung der wirtschaftlichen Bedingungen der beste Schutz vor Konflikten, Gewalt und natürlich auch vor Terror ist – eine Ansicht, die von den meisten Nationen in Zentralasien geteilt wird. Sie haben erlebt, dass militärische Interventionen anderer Länder in dem Bemühen, für Sicherheit zu sorgen, nicht bloß gescheitert sind, sondern die Lage oft noch verschlimmert haben.

## Europa

Mit einem Gesamtvolumen von 567,2 Milliarden US-Dollar ist die EU Chinas wichtigster Handelspartner. China ist das wichtigste Importland für die EU und das zweitwichtigste Exportland, Tendenz steigend. Donald Trump hat seinen Beitrag zum neuen Schwung in den Verhandlungen zwischen der EU und China geleistet, drohte er doch im Juli 2018 mit einem Handelskrieg gegen China. Beim EU-China-

*Welche Kontinente sind an der BRI beteiligt?*

Gipfel am 16. Juli 2018 konnte dann auch prompt zumindest eine Vorstufe eines Freihandelsabkommens zwischen China und den EU-Staaten erreicht werden. Doch trotz beiderseitiger Versicherungen, die Zusammenarbeit auszubauen sowie Stabilität, freien Handel und Umweltschutz zu verteidigen, ist der Blick nach China noch immer von Skepsis begleitet. In manchen Medien gehört das oft unterschwellige »Ja, aber« zu jedem selbst den Fakten nach positivsten China-Bericht. Welche emotionale Botschaft sendet etwa die unten abgebildete Illustration einer so renommierten Zeitung wie »Die Zeit«?

Trotz der sich verändernden Position Chinas in der Weltgemeinschaft ist Europas Haltung zur BRI nach wie vor geteilt: zögerlich von offizieller EU-Seite, gutheißend aufseiten der Länder Osteuropas. Die Gründe dafür: die Dimension, ein gewisser Mangel an Transparenz und Übersicht-

*Welche Kontinente sind an der BRI beteiligt?*

lichkeit und vor allem die Hindernisse, mit denen sich die BRI in Regionen wie Zentralasien, aber auch in Staaten wie Malaysia oder Sri Lanka konfrontiert sieht, wo die Furcht vor einer Überschuldung wächst. Es ist eine generelle Unterbewertung des Projekts sowie ein latentes Misstrauen China gegenüber als grundlegende Stimmung auszumachen. Unbestreitbar stellt China in vielen Fällen Bedingungen, die seine heimischen Unternehmen eindeutig bevorzugen, hinter jedem Investment steht die Frage des Nutzwerts für das betreffende chinesische Unternehmen und für China. Das ist aber auch im Westen nichts Neues.

Die positiven Auswirkungen der bisherigen Projekte der BRI auf die EU sind kaum zu bestreiten. Ja, gewisse Strecken wären auch ohne sie geplant worden. Ein Beispiel dafür ist der Trans-Eurasia-Express, der die Städte Chongqing und Duisburg miteinander verbindet. Zwischen seiner Einweihung 2011 (zwei Jahre vor der ersten offiziellen Verlautbarung der BRI) und Anfang 2015 rollten darüber Waren im Wert von 2,5 Milliarden US-Dollar von China nach Europa innerhalb einer auf 16 Tage pro Strecke verkürzten Fahrtdauer. Die Zugverbindung machte Duisburg, das nach dem Ende des Bergbaus mit wirtschaftlichem Abstieg und Arbeitslosigkeit kämpfte, zum größten Binnenhafen Europas. Und auch wenn pro Zug nur maximal 60 Container transportiert werden können (im Vergleich zu 10 000 Containern pro Containerschiff), gilt es zu bedenken, dass das Ende der Strecke im Zentrum Europas liegt und der Weitertransport von hier wesentlich leichter stattfinden kann.

Aber auch Villach in Kärnten, Österreichs südlichstem Bundesland, sieht sich bestens als Teil der Seidenstraße positioniert. Der Wirtschaftsstandort Kärnten soll laut Kärntner Landesregierung zu einer internationalen Logistikdrehscheibe werden.

**107**

*Welche Kontinente sind an der BRI beteiligt?*

Noch viel größer sind die Hoffnungen, die einige Länder Osteuropas, darunter Serbien, Ungarn, Tschechien, Weißrussland und Rumänien, in einer Anbindung an die BRI durch Schienen und Straßen sehen. Energiefinanzierung und Telekommunikation sowie eine vernetzte Infrastruktur bieten die Gelegenheit, ihre Märkte in einen größeren im Entstehen begriffenen Rahmen zu integrieren. Offensichtlich haben sie den asiatischen Markt für ihre eigenen Produkte im Visier, sei es in der Produktion oder der Landwirtschaft.

Die Positionen innerhalb Europas schwanken zwischen der Erkenntnis, dass die Zukunft des Wachstums in Asien und nicht in Nordamerika liegen wird, und dem Festhalten an der Hoffnung eines wirtschaftlichen Wachstums in der EU. In seiner Prognose *The World in 2050* sieht PricewaterhouseCoopers Chinas Anteil am BIP pro Kopf bei 20 Prozent, jenes der EU (bereits ohne das Vereinigte Königreich) bei neun Prozent. (pwc.to/2rHDq55) Laut dieser Voraussage werden sechs der sieben größten Wirtschaftsmächte Schwellenländer sein, mit China auf Platz eins, gefolgt von Indien auf Platz zwei. Indonesien liegt auf Platz vier und dazwischen als dritte Macht: die USA. In ihrem Aufholprozess werden sich die Schwellenländer von Niedriglohnländern zu attraktiven Konsumentenmärkten mit profitablen B2B-Geschäftsmöglichkeiten entwickeln.

Bei der Anpassung an ein neues Gleichgewicht in der globalen Wirtschafts- und Finanzlandschaft bedarf es einer Veränderung im westlich geprägten Denken. Eine Reihe von Nationen sehen den Einfluss der US-Notenbank auf die Europäische Zentralbank als nicht im langfristigen Interesse der europäischen Volkswirtschaften und hegen den Wunsch, ihre Beziehungen und Wirtschaftsbündnisse zu diversifizieren. Ihnen geht es mehr um Vielfalt als darum, Partei zu ergreifen. Der Übergang wird weiter für Spannun-

**108**

gen sorgen. Ein Beispiel ist der Anschluss von bisher 18 EU-Mitgliedsstaaten an die 2014 gegründete Asiatische Infrastrukturinvestmentbank. Deutschland ist mit einer Beteiligung von 4,5 Milliarden US-Dollar der viertgrößte Teilhaber.

Nordeuropäische Staaten mögen nicht notwendigerweise eine Anbindung an die BRI haben, waren aber in der Entwicklung von Umwelttechnologien mit China sehr aktiv. Ihre Kooperationen mit chinesischen Unternehmen im Bereich fortschrittlicher Umwelttechnologien für erneuerbare Energien eröffnen nun zunehmend Chancen, in den weitaus größeren chinesischen Markt zu expandieren. Höhere Produktion führt zu einem exponentiellen Rückgang bei den Preisen für erneuerbare Energien, was diese Produkte und Technologien wettbewerbsfähiger macht für den Export in die aufstrebenden Volkswirtschaften der BRI, etwa Afrika und Südasien.

Europäische Firmen können ihre Chancen in Märkten, die nicht von China beherrscht werden, verbessern, indem sie sich Chinas bessere Marktkenntnis und chinesische Investitionen in die Infrastruktur zunutze machen. Somit können exportorientierte europäische Länder und Kooperationen vom gesamtwirtschaftlichen Aufschwung in Afrika und Zentralasien profitieren, indem sie den größeren Rahmen und die langfristige Strategie der BRI miteinkalkulieren.

## Ozeanien und Südpazifik

Australien und Neuseeland waren einst jene Länder mit dem stärksten Einfluss im Südpazifik, wobei Australien sich mehr auf Melanesien konzentrierte (das vom Westende des

*Welche Kontinente sind an der BRI beteiligt?*

Pazifiks bis an die Arafurasee und im Osten bis zu den Fidschiinseln reicht) und Neuseeland auf Polynesien (ein Teil Ozeaniens mit mehr als 1000 über den mittleren und südlichen Teil des Pazifiks verstreuten Inseln). Die beiden Staaten zeichneten auch für die meisten Hilfsgelder für diese Regionen verantwortlich.

Ozeanien und der Südpazifik sind zwar noch nicht auf der Landkarte der BRI verzeichnet, dennoch sollte man diese Regionen nicht abschreiben. China hat mit vielen Inselstaaten noch keine unabhängigen Vereinbarungen über eine Zusammenarbeit im Rahmen der BRI unterzeichnet, weil diese entweder Protektorate oder Kolonien anderer Länder sind. Doch investiert China bereits jetzt gewaltige Summen in dieses Gebiet aufgrund folgender Überlegungen:

Chinas Handel mit Südamerika hat ein beträchtliches Ausmaß erreicht und wird zu einem großen Teil über Chile abgewickelt.

- Ein Seeweg über den Pazifik würde China strategischen Einfluss sichern, den die USA nicht stören könnten.

- Ein südpazifischer Korridor, ohne Einbindung Hawaiis im Norden, bestehend aus Häfen, Transpazifikkabel- und Telekommunikationsverbindungen als Unterstützung von kulturellen Kontakten und Tourismus, ermöglicht es China, sich mit den Inseln im Südpazifik zu vernetzen.

- Chile ist der weltgrößte Hersteller von Kupfer, einem Hauptbestandteil militärischer Hardware und elektronischer Produkte für zivile Anwendungen.

- Die Provinz Patagonien ist mit ihrer florierenden Landwirtschaft für die Nahrungsmittelproduktion von äußerster Wichtigkeit und erhält deshalb massive Zuwendungen von China, um dessen Versorgung mit Lebensmitteln zu garantieren.

*Welche Kontinente sind an der BRI beteiligt?*

Transport- und Kommunikationsverbindungen nach Ozeanien und in die Südpazifikregionen sind entscheidend für die Sicherung von Chinas Handels- und Kommunikationsbeziehungen zu Südamerika, das wiederum ein wesentlicher Rohstofflieferant Chinas ist. Aus diesem Grund lehnen wir uns nicht zu weit aus dem Fenster, wenn wir sagen, dass die Inselkette im Südpazifik der nächste Korridor sein wird, den es zu erschließen gilt. Sie ist bloß noch kein Punkt auf der Tagesordnung.

Einen weiteren strategischen Faktor gilt es zu bedenken. Französisch-Polynesien verfügt dank seiner großen territorialen Ausdehnung über die weltweit zweitgrößten Reserven an seltenen Erden außerhalb Chinas. Seltene Erden sind eine wesentliche Komponente bei der Herstellung von Displays. Gewinnt China Einfluss beziehungsweise die Kontrolle über diese Ressourcen, hält es den Schlüssel zur Produktion von Hightechprodukten wie Smartphones und Computer in seiner Hand.

Ein ebenfalls nicht zu vernachlässigender Aspekt aus der Sicht Chinas ist der Umstand, dass sechs der 17 Länder, die diplomatisch auf Taiwans Seite stehen, Staaten der Pazifikinseln sind: Kiribati, die Marshallinseln, Nauru, Palau, die Salomonen und Tuvalu. Sie könnten dem Beispiel afrikanischer Länder folgen und aufgrund des ständig steigenden wirtschaftlichen Einflusses Chinas die Seiten wechseln.

In Anbetracht ihrer geografischen Lage könnten Neuseeland und Australien in hohem Ausmaß von der BRI profitieren. Neuseelands Hauptexportartikel ist Milch. Fonterra, der größte Milcherzeuger des Landes, exportiert den Großteil seiner Milch nach China. Das verschafft dem Unternehmen eine zentrale Rolle in den Handelsbeziehungen zwischen Neuseeland und China. Eine Kooperation mit der BRI würde die Exporte weiter ankurbeln. Ein Großteil der

*Welche Kontinente sind an der BRI beteiligt?*

australischen Mineralausfuhren geht nach China, von denen wiederum das Gros in die für die BRI benötigte industrielle Infrastruktur wandert.

Andererseits stehen sowohl Neuseeland als auch Australien historisch unter starkem Einfluss der Vereinigten Staaten und Europas, mit denen sie grundlegende Werte im Zusammenhang mit der bisherigen Weltordnung teilen. Für beide Staaten ist es daher ein heikler Balanceakt, ihre Interessen zu verwirklichen, ohne langjährige Partner zu verärgern.

Unterm Strich haben die Pazifikinseln eine positive Haltung gegenüber der BRI, zumindest insoweit, als Chinas Politik, auf die BRI bezogen, sie zum gegenwärtigen Zeitpunkt betrifft. Selbst die Insel Guam, ein nichtinkorporiertes Territorium der USA, hat zur Förderung des eigenen Tourismus und als Anreiz für Investitionen eine Lockerung der Einreisebestimmungen nach China beantragt.

# Die Sektorstrategien der »Belt and Road Initiative«

Landesgrenzen und regionale Besonderheiten definieren naturgemäß das grundlegende Raster der BRI. Um Investitionen zum größten Nutzen und mit höchster Effizienz für den Investor als auch den Empfänger einzusetzen, verbindet dieses Raster bestimmte Exportindustrien Chinas mit bestimmten Regionen der BRI. So kann China etwa durch die Positionierung von Kraftwerkstechnik und Telekommunikationsausrüstung in bestimmten Regionen seine Dominanz und Kontrolle dort aufrechterhalten, was nicht zuletzt im Interesse der Sicherheit geschieht.

Chinas Politik schließt auch die Einfuhr strategisch wichtiger Produkte wie Energie und Nahrungsmittel mit ein. Während westliche Medien der Sicherung von Energielieferungen die größte Aufmerksamkeit widmen und die Politik der BRI hauptsächlich danach beurteilen, ist die Sorge um die Lebensmittelsicherheit von ebenso großer Bedeutung.

China hat bereits eine koordinierte Strategie zur Förderung von Auslandsinvestitionen für die Sicherung von Energie, Telekommunikationsnetzen und Lebensmittellieferungen im Land entwickelt. Neben öffentlichen und privaten Investitionen bietet China jenen Beitrittsstaaten der BRI, die im Fokus der Auslandsinvestitionen der Zentralregierung stehen, Finanzierungsmöglichkeiten und gewisse Vergünstigungen an. Dazu gehören auch spezielle, mit gewissen Privilegien versehene Reisepässe und Vereinfachungen der Visaformalitäten für BRI-Investoren.

*Die Sektorstrategien der BRI*

## Die Energiestrategie

China ist heute der weltgrößte Energieverbraucher, gefolgt von den USA und Indien. (bit.ly/2Sd6w64) Da es Energie zur Steigerung seines Wirtschaftswachstums und zur weiteren Verbesserung der Lebensbedingungen seiner Bürger benötigt, bleibt diese ein Kernpunkt der BRI. Künftige Straßen-, Pipeline- und Kommunikationssysteme sollen die Grundlage für bedeutende Verbesserungen des Lebensstandards der Menschen entlang dieser Routen bilden und dem Nutzen jener Staaten dienen, die an der BRI teilnehmen. Die Neuausrichtung von Energiequellen und Versorgungsstrecken durch die Infrastruktur der BRI wird die gesamte Energieindustrie weltweit verändern. Durch die Schaffung von Freihandelszonen entlang der Versorgungslinien im Bereich Pipeline, Schiene und Straße wird die BRI Bahnbrechendes leisten. Im Folgenden ein kurzer Blick auf die Veränderungen im Umfeld der BRI.

### Stromtransportkorridor im Seidenstraße-Wirtschaftsgürtel
Bau eines nationalen Überlandkanals für Energieressourcen ab der autonomen Region Xinjiang, über den Strom in angrenzende Länder transportiert wird, darunter fünf Länder Zentralasiens.

### Das Übertragungsdreieck China, Mongolei und Russland
Fortsetzung der trilateralen Zusammenarbeit auf Gebieten wie Kernenergie, Wind- und Wasserkraft, Fotovoltaikenergie, Biomasseenergie sowie die Anbindung der russischen und mongolischen Versorgungsnetze an Chinas Stromnetz.

114

*Die Sektorstrategien der BRI*

## Chinas Southern State Grid und das Mekong-Programm

Förderung der Zusammenarbeit mit Anrainerstaaten am Mekong im Einklang mit den Richtlinien der BRI. Über ein Stromverbundnetz wurden bereits Laos, Vietnam und Myanmar angeschlossen. Diverse Projekte unterstützen außerdem die Stromversorgung in Hongkong und Macau.

## China State Grid auf globalem Kurs

In Übereinstimmung mit den Richtlinien der BRI hat die China State Grid Corporation Stromverbundnetze eingerichtet, die sogar die Philippinen, Australien und Italien miteinschließen. So wurden in den an China angrenzenden Ländern zehn Stromtrassen zur Stabilisierung der Stromnetze dieser Nachbarstaaten errichtet. China State Grid arbeitet in enger Abstimmung mit Ländern wie Russland und Nordkorea an neuen Energieprojekten.

# Die Energiepipelines der »Belt and Road Initiative«

China ist sich der reichen Mineral-, Öl- und Gasvorkommen in Zentralasien und deren geografischer Nähe zum Mittleren Osten sehr wohl bewusst. Dank ihrer Lage im Nordwesten Chinas ist die autonome Region Xinjiang ein perfekter Dreh- und Angelpunkt für Pipelines von Zentralasien in den Mittleren Osten.

Es gibt mehrere Pipelines. Die sogenannte »D«-Gaspipeline von Zentralasien nach China verbindet die innerasiatischen Vorräte mit Xinjiang. Über das »westliche« Gaspipeline-Projekt mit den Nummern 3, 4 und 5 soll Gas landesintern von Xinjiang in die östlichen Küstenregionen und in die Innenstädte transportiert werden. Eine weitere

*Die Sektorstrategien der BRI*

Gasleitung reicht von Lunnan über Turfan und Yining bis nach Khorgos und wird künftig die Hauptpipeline für Erdgas sein. Eine große Ölpipeline wird China mit Kasachstan verbinden und Chinas wichtigsten Auslands-Energietransportweg für Öl und Gas bilden. Parallel dazu werden zur Unterstützung der Pipelines neue Straßen- und Schienenwege errichtet, von denen zu gegebener Zeit auch die örtlichen Gemeinden entlang der Trasse ihren Nutzen ziehen werden.

## Kraftwerksprojekte der »Belt and Road Initiative«

Die Entwicklung und Ausfuhr von technischer Ausrüstung zum Kraftwerksbau ist eine weitere Stütze für Chinas Industriewachstum. Seine BRI ist nicht auf den Bezug von Rohstoffen aus Zentral- und Südasien beschränkt, sondern wird auch Kraftwerksanlagen bereitstellen, die es den an der BRI beteiligten Ländern ermöglicht, ihre eigene Energieerzeugung zu steigern.

Der Wert der in die Länder und Regionen der BRI exportierten Einrichtungen zum Kraftwerksbau wird sich auf 98,4 Milliarden US-Dollar pro Jahr belaufen. In Kambodscha haben chinesische Firmen annähernd 100 Prozent der Wasserkraftprojekte finanziert. Bis Ende 2016 hatte Chinas Export von Energieerzeugungsanlagen einen Anteil von 50 Prozent am indischen Markt erreicht. Ende 2017 hat die Bereitstellung von Kraftwerksausstattung und -anlagen durch China einen Anteil von über 60 Prozent an Indiens gesamter Energieversorgung ausgemacht. Chinas industrielle Produktion hat und wird vom phänomenalen Wachstumspotenzial dieses Sektors profitieren.

## Handel unter dem Grünen Zertifikat

2016 hatte aus Kohleverbrennung gewonnener Strom einen Anteil von 64 Prozent an Chinas Energieverbrauch. Gemäß den Vorgaben der Zentralregierung soll dieser Anteil bis 2020 auf 58 Prozent sinken. Im Gegenzug soll der Anteil von Erdgas und nichtfossilen Brennstoffen von 18 auf 25 Prozent steigen, aufgeteilt in zehn Prozent Erdgas und 15 Prozent nichtfossile Energieträger.

Zum Abbau des wachsenden Defizits beim Subventionsfonds für erneuerbare Energien wird China seinen Plan für ein Handelssystem auf Basis eines »Grünen Zertifikats« präsentieren. Dieses wird einen Teil der finanziellen Belastung zur Reduzierung der Umweltverschmutzung von den Verbrauchern auf jene Produzenten abwälzen, die Strom durch Kohleverbrennung erzeugen. Umweltsünder, die bestimmte, noch unveröffentlichte Öko-Grenzwerte bei der Energieerzeugung nicht einhalten, müssen Zertifikate von Betreibern qualifizierter Produktionsanlagen für erneuerbare Energien erwerben. Laut der Staatlichen Kommission für Entwicklung und Reform trat dieser Plan versuchsweise am 1. Juli 2017 auf »freiwilliger« Basis in Kraft. Analog zur Menge der von ihnen produzierten sauberen Energie wird die Kommission Zertifikate an qualifizierte nachhaltige Projekte vergeben. Diese können Umweltsünder dann gegen ihre Fehlmengen bei der sauberen Energieproduktion eintauschen. Bis 2018 wurden fast 30 000 Zertifikate verkauft.

*Die Sektorstrategien der BRI*

## Der grüne Energieverbund der »Belt and Road Initiative«

Als Beispiel dafür, wie Chinas staatliche Unternehmen die BRI aktuell umsetzen, wollen wir den chinesischen Staatskonzern China General Nuclear Power Corporation (CGN) näher betrachten. CGN hat bereits einen umfassenden Strategieplan zur Expansion entlang der Routen der BRI vorgelegt. Im Folgenden ein Einblick, wie CGN sein beeindruckendes Netzwerk von Erzeugern sauberer Energie aufbaut, das die gesamte Landschaft der BRI abdecken wird.

*Im Oktober 2015* unterzeichnete CGN einen Vertrag für den Bau eines Atomkraftwerks in England. Hierbei handelt es sich um das erste atomare Neubauprojekt im Vereinigten Königreich seit über 20 Jahren. Mit einem Gesamtinvestitionsvolumen von 18 Milliarden Pfund wird es das teuerste aller Zeiten sein. Chinas Direktbeteiligung (neben seiner Funktion als Haupttechnologielieferant) beläuft sich auf sechs Milliarden Pfund. Zum ersten Mal liefert China die Hauptbestandteile eines Atomkraftwerks in ein Industrieland.

*Anfang November 2015* unterzeichnete CGN eine weitere Absichtserklärung über den Bau eines Kernkraftwerks in Rumänien mit einem geschätzten Investitionsvolumen von 7,2 Milliarden Euro.

*Ende November 2015* erwarb CGN 13 Bauprojekte zur Erzeugung von elektrischer Energie der Edra Global Energy BHD in Malaysia. Die 13 Bauprojekte befassen sich sowohl mit Solarenergie als auch mit anderen sauberen Energiequellen. Mit dieser Akquisition wurde CGN zum Alleineigentümer dieser Generation an Bauprojekten auf dem Gebiet der Solarenergie und der Rechte an ihrer Weiterentwicklung.

*Die Sektorstrategien der BRI*

All das erreichte CGN innerhalb von nur zwei Monaten. Die Planungsphase dafür hatte das Unternehmen allerdings bereits 2014 gestartet, als die BRI gerade erst kommuniziert worden war. Anhand des CGN-Investments in saubere Energie lässt sich ablesen, wie sich seine Rollout-Strategie präsentiert.

Aus Sicht zahlreicher Umweltschützer ist die Kernkraft sehr umstritten. Da jedoch bei dieser Form der Stromerzeugung kein $CO_2$ anfällt, wird sie von der Energieindustrie gern als »grün« bezeichnet. Wir wollen nicht über die Ethik von Atomkraft als grüner Energie diskutieren, sondern vielmehr erläutern, wie diese Gesamtstrategie aus der Sicht der BRI angewandt wird.

Aus der Ferne betrachtet und in einen globalen Kontext gesetzt, gewinnen wir folgenden Gesamteindruck vom grünen Energieverbund der BRI:

Ungeachtet aller Warnungen aus Washington und großer allgemeiner Bedenken ist China der Meinung, dass es aufgrund seiner 30-jährigen Erfahrung und der Anwendung neuester Technologien an der Atomenergie als »grüner Energie« festhalten kann. Großbritannien, das anders als Deutschland und andere westliche Staaten weitere Pläne zum Ausbau der Kernenergie hat, zählt auf die Beteiligung von Chinas CGN UK an diesen und an bestehenden Projekten. (Das Vereinigte Königreich war auch das erste Land in Europa, das trotz aller Warnungen aus Washington der Asiatischen Infrastrukturinvestmentbank beigetreten ist.)

Rumänien verhandelt mit Chinas CGN über den Bau von zwei weiteren Kernkraftwerken. Rumänien ist ein wesentlicher Teil von Chinas Osteuropapolitik im Rahmen der BRI.

Durch den Deal mit Malaysia erwirbt China 13 Solarkraftwerke sowie bindende Zusagen für einen weiteren Stromnetzausbau, die sich auf fünf Länder verteilen: Malay-

**119**

*Die Sektorstrategien der BRI*

sia, Ägypten, Bangladesch, die Vereinigten Arabischen Emirate und Pakistan.

Im Oktober 2017 gab China seine Absicht, schwimmende Kernreaktoren (FNPP, Floating Nuclear Power Plants) im Südchinesischen Meer zu positionieren, bekannt. Dabei ist nicht das Kernkraftwerk selbst der größte Streitpunkt, sondern die Positionierung in einem Teil des Südchinesischen Meeres, den auch Brunei, Malaysia, Vietnam, Taiwan und die Philippinen beanspruchen.

Folgende weitere Nationen hat China als Ziele von Investitionen und des Exports von Technologie ausgewählt: Kasachstan, Usbekistan, Frankreich, Südkorea, Indonesien, Singapur, Thailand, Türkei, Kenia, Namibia und Südafrika.

Fazit: Binnen weniger Jahre wird CGN dank dieser Investitionen die wichtigsten grünen Stromnetze entlang der Route der BRI besitzen und kontrollieren.

## Die Telekommunikationsstrategie der »Belt and Road Initiative«

Im Rahmen der BRI-Strategie für Konnektivität entwickelt China Telecom derzeit ein panasiatisches Internet-Technologie-Netzwerk mit dem Ziel, die Verbindung der Länder durch höhere Internetbandbreiten zu beschleunigen. Der Entwicklung schließen sich jene Staaten der BRI an, die Chinas drei Prinzipien unterstützen:

- Gemeinsam ausgehandelt
- Gemeinsam gebaut
- Gemeinsam genutzt

## Unterwasser- und Überlandverbindungen

Im Rahmen der maritimen Seidenstraße wird gegenwärtig in großem Umfang Telekommunikationstechnik unter Wasser verlegt. Bis Ende 2016 waren es über 43 000 Kilometer an Kabeln, was mehr als dem Erdumfang entspricht. Das Kabelnetz verbindet am Meeresboden die Straße von Malakka mit der Andamanensee und unter dem Indischen Ozean die Länder Bangladesch, Myanmar, Singapur und Indonesien.

Gleichzeitig ist China Telecom aktuell damit beschäftigt, drei Unterwasserkabelnetze (mit den Projekt-Codenamen APCN-2, SJC und APG) herzustellen, die Nordostasien und Südostasien verbinden sollen. China Telecom hat bereits 19 grenzüberschreitende Kabelstationen eingerichtet, die zehn Länder via Überlandkabel miteinander verbinden: Russland, Mongolei, Kasachstan, Kirgisistan, Tadschikistan, Vietnam, Laos, Myanmar, Nepal und Indien. Der Ausbau wird sich quer durch Zentralasien bis nach Nordeuropa und Südostasien fortsetzen.

Weitere, gleichzeitig von der BRI in Angriff genommene Projekte sind drei Kabelnetze unter den Codenamen SMW-3, FLAG und SMW-5, die bis nach Australien, Nordafrika, den Mittleren Osten und Europa reichen werden.

## China als Afrikas IT-Provider Nummer eins

Mit sechs vertikalen und acht horizontalen in Afrika realisierten Kabelnetzen ist China für den Kontinent zum wichtigsten Lieferanten von Kabelkonfektionen geworden. Huawei, der wichtigste Provider für Telekommunikationsausrüstung auf dem Kontinent, ist in 170 Ländern und Regionen investiert und damit der weltweit führende Anbieter von Telekommunikationsequipment. Das Unternehmen verfügt nun über 660 Rechenzentren sowie 255 Cloud-

*Die Sektorstrategien der BRI*

Rechenzentren. Damit ist Huawei Chinas Big Player im Bereich Datenübertragung im Rahmen der Telekommunikationsstrategie der BRI.

Während Huawei die Rückendeckung des Staates hat, befindet sich ZTE vollständig in privaten Händen. Dennoch unterzeichnete das chinesische Unternehmen im Mai 2015 eine Vereinbarung mit Russland in der Höhe von 1,2 Milliarden Yuan über eine Zusammenarbeit als Zulieferer für Telekommunikationsausrüstung im Rahmen eines groß angelegten Plans der BRI zum flächendeckenden Bau smarter Städte in Russland.

Xiaomi und Coolpad, die weniger hoch entwickelte Telekommunikationsprodukte anbieten, sind weitere Unternehmen, die aktuell die Länder der BRI überfluten. Mit ihren niedrigen Preisen verschaffen sie sich gegenüber US-Anbietern wie Apple einen Wettbewerbsvorteil. Ein Großteil der Länder im Verbund der BRI wendet sich chinesischen Telekommunikationsprodukten zu, was China entlang der BRI-Korridore die Kontrolle über den Telekomsektor verschaffen wird.

## Die Agrarstrategie der »Belt and Road Initiative«

In den Zeiten der antiken Seidenstraße war Tee eines der wichtigsten Ausfuhrerzeugnisse Chinas. Heute spielt chinesischer Tee ebenso wie viele andere landwirtschaftliche Produkte kaum noch eine Rolle bei Chinas Exporten. Dennoch fördert China indirekt die Landwirtschaft in BRI-Staaten durch seine Investitionen in deren Agrarsektor und den Verkauf von Hightech für deren Agrarindustrie. Die Sicherung einer störungsfreien Versorgung mit Nahrungsmittelprodukten ist eine der Prioritäten der BRI.

## Sicherheit bei Lebensmittel- und Energieversorgung

Als unmittelbare Folge von Chinas wirtschaftlichem Aufschwung während der letzten drei Jahrzehnte wurde seine Agrarproduktion geschwächt und Qualität zugunsten von Quantität geopfert. Mehrere Fälle von verseuchten Lebensmitteln rüttelten viele Chinesen auf und ließen sie zu importierten Lebensmitteln greifen. Die Chinesen der oberen Mittelschicht verfügen inzwischen über die notwendigen Mittel, um sich aus dem Ausland eingeführte Nahrungsmittel zu kaufen, denen sie mehr vertrauen als Produkten aus heimischem Anbau. Dies eröffnete einen neuen Markt und führte zur Entstehung eines ganzen Vertriebs- und Händlernetzes für importierte Lebensmittel, das sich zu einem sehr profitablen Industriezweig in China entwickelt hat.

Gleichzeitig waren jene Bauern, die in den Jahrzehnten nach der Öffnung Chinas Jobs als Arbeiter in Fabriken angenommen hatten, nicht gewillt, zu ihren Äckern zurückzukehren. Zudem hatten die Böden aufgrund der zunehmenden Industrialisierung stark unter Wasserverschmutzung gelitten, was einen Vertrauensverlust in die heimische Lebensmittelsicherheit nach sich zog und die Aussichten minderte, als Bauern ihren Lebensunterhalt verdienen zu können. Obwohl Chinas neues Konzept der »*Ökologischen Zivilisation*« auch das Ende des Abbaus fossiler Brennstoffe und der industriellen Brennstoffgewinnung vorsieht, wird es noch Jahrzehnte dauern, die ökologischen Schäden im Boden zu reparieren und die ursprünglichen Umweltbedingungen wiederherzustellen.

Um die Zeit bis zur Verbesserung der eigenen Umweltbedingungen zu überbrücken und die sichere Versorgung mit Lebensmitteln und Energie zu gewährleisten, fördert China Direktinvestitionen in Landwirtschaft und Energie im gesamten Raum der BRI, und der Privatsektor investiert

*Die Sektorstrategien der BRI*

in riesige Farmen in den Regionen der BRI, darunter auch im Mittleren Osten. In gewaltigen Treibhauskomplexen wird Hightech zur Nutzung der intensiven Sonnenstrahlung für die Erzeugung schnell wachsender Nahrungsmittel eingesetzt, die anschließend nach China exportiert werden.

## BRI als Chance für deutsche Agrarprodukte

Strategisch gesehen sind Regionen wie Zentralasien, Osteuropa und Afrika nicht mehr nur als Lieferanten von mineralischen Rohstoffen und Energie, sondern auch von Nahrungsmitteln von entscheidender Bedeutung, wobei Afrika die zentrale Rolle bei Chinas Investitionen in die Ernährungssicherheit eingenommen hat. Bis Ende 2013 hatte China vier Milliarden US-Dollar in landwirtschaftliche Projekte im Ausland investiert.

Chinas staatliche Unternehmen tragen nur zu 4,1 Prozent zu den Agrarinvestitionen bei. Die übrigen Investoren sind örtliche öffentliche Betriebe oder private Unternehmer. Der größte von ihnen ist die China National Cereals, Oils and Foodstuffs Corporation (COFCO), die bislang mit 54 Staaten der BRI Abkommen über eine Zusammenarbeit mit einem Gesamthandelsvolumen von fünf Milliarden US-Dollar abgeschlossen hat.

Deutschlands Agrarexporte nach China waren im Jahr 2017 mit fast minus zwölf Prozent rückläufig. Das Plus von mehr als 16 Prozent in den Verband Südostasiatischer Nationen (ASEAN-Länder) konnte diesen Rückgang nicht ausgleichen.

*Die Sektorstrategien der BRI*

## Effizientes Arbeiten entlang der Seidenstraße

Nachfolgend eine Übersicht, wie sich China durch die BRI erfolgreich zum Global Player entwickelt:

- Kasachstan ist der Hauptempfänger von Chinas Agrarinvestitionen in Zentralasien, die den Zugang zu Mais, Baumwolle, Reis und Weizen gewährleisten sollen.
- Kasachstan ist auch eines der weltweit bedeutendsten Exportländer für Getreide und dazu der fünftgrößte Baumwollproduzent. Viehzucht und verwandte Nebenprodukte stellen einen weiteren Aspekt von Chinas Investmentstrategie für Zentralasien dar.
- Kirgisistan ist Zentralasiens größter Produzent von Wolle.
- Usbekistan ist der weltweit zweitgrößte Exporteur von Schafhäuten zur Herstellung von Lederwaren. Getreu seiner Strategie wird China seinen Einfluss ausbauen, wenn nicht gar die vollständige Kontrolle übernehmen wollen.
- Malaysia, Thailand und Indonesien werden die Einfuhr von Industriekautschuk nach China sichern. Es überrascht nicht, dass der Staatsbetrieb Sinochem führend bei Investitionen in Kautschuk ist.
- Indonesien liefert mit Palmöl einen wichtigen Rohstoff. Thailand, mit rund 40 Prozent Marktanteil der größte Reisexporteur weltweit, versorgt das Land mit Reis. Die Investitionen in Thailands Reisproduktion und -vermarktung sind Teil von Chinas Strategie zur Absicherung der Versorgung mit Grundnahrungsmitteln.
- Südasien ist mit seiner großen Fischfangindustrie ein Nahrungsmittellieferant, der China eine kontinuierliche und gleichbleibende Versorgung sichert.
- Kambodscha, wo es kaum industrielle Verschmutzung gibt, kann China sauberen und sicheren Reis anbieten.

*Die Sektorstrategien der BRI*

Der größte Teil des kambodschanischen Reisexports geht nach China.

- Indien verfügt über die größte landwirtschaftliche Nutzfläche in ganz Asien und ist Asiens führender Juteproduzent. Es ist außerdem der weltweit zweitgrößte Produzent von Reis und Mais. Seine Baumwoll- und Teeausfuhren machen jeweils die Hälfte aller globalen Exporte an diesen Gütern aus. China kann es sich nicht erlauben, in diesen Bereichen auf Einfluss zu verzichten, sondern wird auch hier einen Teil des Exports kontrollieren wollen.

- Pakistan wird ein weiterer Empfänger von Investitionen in seine reichen Obst- und Baumwollplantagen werden.

- Kambodscha, Laos und die Philippinen werden auf dem Gebiet der Agrartechnologie durch Supportzentren unterstützt, die China im Rahmen der BRI eingerichtet hat. Doch nicht nur in Südasien, auch im ostafrikanischen Raum betreuen Experten dieser Supportzentren die Entwicklung einer landwirtschaftlichen Exportindustrie.

- Im Nahen Osten wurde Israel ein Partnerland der Agrarstrategie der BRI. Chinas Fokus liegt auf Israels Bewässerungs- und Wasserwirtschaftstechnologien. Es erwirbt sie, passt sie an die eigenen Verhältnisse an und exportiert sie nach erfolgter Weiterentwicklung an andere unter Trockenheit oder Dürre leidende Länder im Netzwerk der BRI.

- Die osteuropäische Landwirtschaft bietet billige Arbeitskräfte, weitläufige Anbauflächen und Wasser.

- Russland, Indien, Pakistan, die ehemaligen kommunistischen Staaten Osteuropas und China pflegen inzwischen einen regen Austausch von Saatgutbanken. Chinas Ziel ist die Entwicklung und Stärkung eigener Zweige.

- Die Ukraine verfügt über ein Drittel der Weltvorkommen an Schwarzerde und exportiert Mais und anderes Getreide in beträchtlichen Mengen.
- Russland besitzt riesige Anbauflächen und Grasland, die für China von besonderem Interesse sind. Russlands wichtigste Ressource ist allerdings Wasser. Seine Wasservorkommen machen über 20 Prozent der weltweiten Trinkwasservorräte aus. Russland könnte Chinas bedeutendster Wasserlieferant werden, denn in seinen nördlichen Gebieten droht sich eine Dürrekrise anzubahnen.

## Wie die »Belt and Road Initiative« Geschäftsreisende unterstützt

Um die Einreiseformalitäten zu erleichtern, stellt die chinesische Grenzpolizei seit dem 10. Mai 2017 Reisepässe für Vielreisende aus. Damit sollen Geschäftsreisen im Zusammenhang mit der BRI gefördert werden. Weitere 141 Staaten haben den Inhabern dieser Pässe ebenfalls eine Vorzugsbehandlung zugesagt, etwa durch das Ausstellen von kostenlosen Visa oder dem Ausstellen von Visa für Chinesen direkt bei der Einreise. Das Pilotprojekt startete in Peking, Schanghai und Guangzhou.

Besitzer dieses speziellen chinesischen Passes erhalten zudem leichter eine Verlängerung ihres Visums, sollten sie mehr Zeit für ihre Geschäftsverhandlungen oder die Projektarbeit benötigen. Bona-fide-Geschäftsleute und spezialisierte Techniker, die nachweislich für Projekte der BRI arbeiten, erhalten diesen Reisepass bevorzugt.

Chinas Auslandsinvestment und -handel, die nationale Unterstützung für den privaten und öffentlichen Investmentsektor sowie der Handel entlang der Strecke der

*Die Sektorstrategien der BRI*

BRI und darüber hinaus können durchaus dazu führen, dass in Kürze mehr als die bislang 65 Länder an der BRI teilnehmen.

## Neue Ziele für Chinas boomende Tourismusindustrie

*People's Daily* berichtete im März 2018, dass China mittlerweile mit rund 400 Millionen Menschen die größte mittelständische Bevölkerung der Welt aufweist. In den vergangenen fünf Jahren hat sich das Pro-Kopf-Einkommen der Bürger Chinas um durchschnittlich 7,4 Prozent pro Jahr erhöht. Unter diesen Umständen ist es nicht verwunderlich, dass Chinas einheimische und internationale Tourismusindustrie derzeit in allen Bereichen und Einkommensgruppen durch die Decke geht.

In diesem Zusammenhang appelliert die chinesische Führung immer wieder an seine Bürger, sich »gut zu benehmen«. Es ist aber einfach so, dass eine große Zahl von Chinesen schneller wohlhabend als »westlich« geworden ist. Chinesische Touristen reisen zunehmend um die halbe Welt und haben in Paris, Mailand und anderen Städten Europas ganze Edelwarenhäuser leer gekauft, sind doch Luxusartikel in ihrem Heimatland um rund ein Drittel teurer. Es wäre aber ungerecht, chinesischen Tourismus auf »Brand hunting« zu reduzieren. Vor allem Musik übt ebenfalls eine große Anziehung aus. Abgesehen davon interessieren sich chinesische Touristen zunehmend auch für exotischere Ziele und Abenteuerurlaub.

Im chinesischen Tourismusboom liegt einerseits ein enormes geschäftliches Potenzial für viele Länder der BRI, er sorgt andererseits aber auch für einen globalen Expansi-

onskurs der eigenen hochmodernen Tourismus- und Hotel-
betriebe, da der chinesische Markt selbst mit Hotels und
Reiseveranstaltern allmählich gesättigt ist und seine Hotel-
und Tourismusindustrie sich nach neuen Märkten umsieht.

Bei Investitionen in Hotels und Tourismusaktivitäten in
den Ländern der BRI will China eigene Hotels und Reise-
büros nutzen, um die Massen chinesischer Touristen zu
bedienen, die diese neuen Ziele besuchen werden. Chinas
Tourismusindustrie springt auf den großen Trend der
zunehmenden Mobilität auf.

Was die Ansprüche an Hotels betrifft, verhalten sich Chinesen nicht anders als westliche Touristen, die sich in westlichen Hotels wohler fühlen, da diese ihre Ansprüche genau
kennen. Die meisten chinesischen Touristen und Geschäfts-
leute bevorzugen einen Aufenthalt in Hotels unter chinesischer Leitung mit der ihnen vertrauten Sprach- und Ess-
kultur.

Der Rat »Follow the Dragon« trifft auch auf die Tourismusindustrie zu. Firmen, die dem Beispiel Chinas folgen
und in diesem Sektor ebenfalls in die an der BRI beteiligten
Staaten investieren, haben die Chance, sich zu etablieren
und für die Beherbergung chinesischer Touristen in sämtlichen Kategorien gut aufgestellt zu sein. Die erzielten Profite
werden zum Teil wieder nach China zurückfließen.

## Zügige Eröffnung neuer Flugrouten

Um die mit der BRI verfolgten Ziele zu unterstützen, haben
chinesische Fluglinien unter anderem folgende Direktflüge
neu in ihren Flugplan aufgenommen:

*Air China*: von Peking nach Johannesburg, Addis Abeba,
Minsk, Karamay und nach Yining.

*Die Sektorstrategien der BRI*

*China Southern Airlines*: von Guangzhou nach Sabah, Rangun, Krabi, Nairobi und Rom.

*China Eastern* hat Luftfrachtrouten für die Frachtversion der Boeing 777 von Xi'an nach Amsterdam eröffnet. Dieser Flugzeugtyp ist nicht für den Personenverkehr vorgesehen, die Fluglinie verwendet ihn ausschließlich für den Transport von Produkten wie LED-Flachbildfernsehern, Bekleidung, Hardware, Festplatten und elektronischen Geräten von China nach Amsterdam und zum Rücktransport von Blumensamen, Wasserreinigungsanlagen, Milchpulver, Kosmetika und Küchenelektronik aus Amsterdam nach China.

China Eastern nimmt die folgenden Routen in Betrieb: von Xi'an nach Sydney, Prag, St. Petersburg, Saipan und Moskau sowie von Schanghai nach Prag und von Kunming nach Paris.

Alle diese Flugstrecken werden eigens im Zusammenhang mit den Zielen der BRI eröffnet. Es gilt, den geschäftlichen wie auch den touristischen Reiseverkehr zu erleichtern und China eine verbesserte Anbindung an die Welt zu verschaffen.

# Chinas »Belt and Road Initiative«-Strategien für seinen Binnenmarkt

Im Zusammenhang mit Chinas BRI gilt es viele Aspekte und Facetten zu verstehen. Um von ihr zu profitieren, ist, und das ist eines der wesentlichen Anliegen dieses Buches, ein umfassendes Verständnis der Denkweise des Landes und der Hintergründe und Ziele seiner Vorhaben wichtig. Es ist notwendig, sie aus unterschiedlichen Blickwinkeln zu betrachten. Wir werden im Zuge dessen einige bereits erwähnte Punkte erneut ansprechen. Die wesentlichen Aspekte mögen sich zwar überschneiden, aber von verschiedenen Seiten betrachtet erlauben sie unterschiedliche Einblicke. Vor allem, wenn es um den Wandel und die daraus resultierenden Chancen geht, vor denen China in den nächsten Jahren und Jahrzehnten angesichts der BRI und des Wirtschaftsplans »Made in China 2025« steht. Mögliche Exporte, Kooperationen und Investitionen sollten in den Kontext der innerstaatlichen Strategiesäulen Chinas gestellt werden.

Chinas Wirtschafts- und Rechtssystem unterscheidet sich vor allem in der Praxis von jenem der EU. Die Unternehmenskultur, die Kommunikation zwischen den Hierarchien, die Gesprächskultur und die Verhandlungstaktik entsprechen oftmals nicht westlichen Vorstellungen. Wobei eben auch zu berücksichtigen ist, dass China nicht gleich China ist. Lokale Kultur und die Stufe der wirtschaftlichen Entwicklung spielen eine Rolle im jeweiligen Verhalten.

Chinas Schlüsselstrategien:
- Diversifizierung der chinesischen Wirtschaft und Steigerung der Auslandsinvestitionen
- Bereitstellung von Geldmitteln

*Chinas BRI- Strategien für seinen Binnenmarkt*

- Koordination von Investitionen nach Regionen
- Gegenseitiges Verständnis als Basis
- »Guanxi« auf eine globale Ebene befördern
- Sprunghafte Entwicklung bei Infrastruktur und Technologie

## Diversifizierung der chinesischen Wirtschaft und Steigerung der Auslandsinvestitionen

Wie bereits erläutert, findet Chinas BRI parallel zu einer Umstrukturierung der chinesischen Wirtschaft statt. In den vergangenen 15 Jahren war das politische System auf wirtschaftliches Hyperwachstum fokussiert. Ein Großteil seines Wirtschaftswachstums wurde durch Infrastruktur- und Bauprojekte erzielt. Inzwischen ist China in seiner wirtschaftlichen Entwicklung an einem Scheideweg angelangt. Die Frage lautet: Wohin geht die Reise?

Für ein nachhaltiges Wachstum plant China die Weichen in Richtung einer produktivitätsgestützten, technologie- und dienstleistungsorientierten Wirtschaft zu stellen sowie den Wandel von einem exportorientierten zu einem von Inlandskonsum getriebenen Markt, was China weniger anfällig für wirtschaftliche Flauten in seinen Exportmärkten machen wird. Zur Diversifizierung seiner Exportkanäle und zur Begrenzung möglicher Risiken wird China seine Investitions- und Handelsaktivitäten mit den an die BRI angeschlossenen Schwellenländern steigern. Zwischen Januar und November 2016 schlossen chinesische Unternehmen dazu Verträge in den Bereichen Kommunikation, Wohnungsbau, Energie und Transportwesen mit 61 Staaten entlang der Handelsrouten der BRI im Gesamtwert von 84,39 Milliarden US-Dollar.

In den kommenden fünf Jahren dürfte China zum welt-größten grenzüberschreitenden Investor aufsteigen. Die Konkurrenz unter chinesischen Investoren führte zu einer Verbesserung der globalen Wettbewerbsfähigkeit. Durch die zumindest versprochene zunehmende Deregulierung sollte es künftig leichter werden, sich bei öffentlichen Abkommen zu engagieren und Partnerschaften mit lokalen Unternehmen einzugehen. Die Asiatische Infrastruktur-investmentbank wird große Infrastrukturprojekte in Asien und entlang der diversen Routen der BRI finanzieren. Der Prozess ist komplex. China investiert jenseits seiner Landes-grenzen, möchte jedoch nicht der Strategie multinationaler US-Konzerne folgen und alles outsourcen, um anschließend die eigene Nation mit geringeren Kapazitäten beziehungs-weise Fähigkeiten auf dem Gebiet der Produktion zurück-zulassen.

Die Lohnkosten sind in China enorm gestiegen. Das liegt zum großen Teil am Mangel an Migranten aus dem Norden und Nordwesten Chinas. Parallel dazu haben arbeitsrechtli-che Verbesserungen Chinas Kosteneffizienz reduziert.

Während China einerseits damit beschäftigt ist, seine eigene Wirtschaft zu diversifizieren und Verbindungen sowie gemeinsame Vorteile mit Nachbarländern zu suchen, arbeitet es andererseits an dem Ziel, ein Netzwerk aus ange-gliederten Wachstumsregionen innerhalb der BRI und den Staaten des Globalen Südgürtels aufzubauen.

Die BRI ist ein Markt für Chinas freie Kapazitäten im Stahlexport und wird, zumindest temporär, einen Arbeits-markt für weniger, aber auch höher qualifizierte chinesi-sche Arbeitskräfte schaffen, deren Einsatz und Erfahrung in China nicht länger vonnöten sind. Durch Investitionen in die Infrastruktur anderer Länder, durch den Export von Arbeit und von Materialtechnik wird Chinas Wirtschaft ihrerseits profitieren und wirtschaftlich belastbarer werden.

Außerdem werden die Infrastrukturinvestitionen auch der verarbeitenden Industrie zugutekommen und den Privatsektor ermutigen, diesem Beispiel zu folgen: zu investieren und neue Arbeitsplätze zu schaffen. Nicht nur für die einheimische Bevölkerung, sondern auch für Chinesen.

## Bereitstellung von Geldmitteln

Vom 17. bis 23. November 2016 war Chinas Präsident Xi Jinping auf Staatsvisite in Ecuador, Peru und Chile. Er besuchte außerdem das 28. Gipfeltreffen der Wirtschaftsführer der Asiatisch-Pazifischen Wirtschaftsgemeinschaft (APEC) in Lima, Peru. Xi Jinping legte ausführlich dar, dass die Entwicklung Chinas und der Welt wechselseitige Chancen böten und China alle Länder der Welt dazu einlade, in seinen »Entwicklungszug einzusteigen«. Für China wie für alle übrigen Länder der Welt ist Chinas Bereitschaft, andere Länder im Sog der Seidenstraße partizipieren zu lassen, keineswegs nur leeres Gerede. (bit.ly/2BLBe0P) In diesem Zusammenhang wird deutlich, dass die Bezeichnung »Belt« für die maritimen Routen einen symbolischen Hintergrund hat: Wie eingangs beschrieben, umfasst die Bedeutung des Wortes »dai« nicht nur »Gürtel«, sondern, als Verb verwendet, auch »behütend mitnehmen«.

Wie China immer wieder betont, wird es Geldmittel bereitstellen, um den Handel, wirtschaftliche Zusammenarbeit und die Konnektivität innerhalb der BRI zu unterstützen. Zur Förderung der gemeinsamen Entwicklung Chinas sowie der an der BRI beteiligten Länder und Regionen ist es unerlässlich, mit heimischen und internationalen Unternehmen und Finanzinstitutionen zu kooperieren.

Laut dem offiziellen Kommuniqué des Seidenstraße-Fonds besagt die den Investitionen zugrunde liegende Philosophie, dass Investmententscheidungen auf der Basis marktwirtschaftlicher Prinzipien, internationaler Praxis und professioneller Standards zu treffen sind. Investitionen werden über Eigenkapital, Fremdkapital und andere Finanzinstrumente getätigt, die mit Finanzinstitutionen im In- und Ausland zusammenarbeiten, um Fonds aufzulegen, anvertraute Vermögenswerte zu verwalten sowie andere als Investoren zu bestellen.

Im Juli 2018 unterzeichneten Chinas Seidenstraßen-Fonds und der Europäische Investitionsfonds eine Absichtserklärung über ein Engagement von 500 Millionen Euro mit dem Ziel, vorwiegend kleinen Unternehmen den Zugang zu finanziellen Mitteln zu erleichtern.

## Koordination von Investitionen nach Regionen

Im Zuge unserer Gastprofessur an der Pekinger Fremdsprachenuniversität haben wir Chinas Ehrgeiz, an Menschen in deren Muttersprache heranzutreten, aus erster Hand kennengelernt. Es ist Bestandteil von Chinas globaler Strategie, Theorie und Praxis zu verbinden. Eine Studentin unserer Gruppe war 2016 zwei Mal in offizieller Mission in Sri Lanka und in Peking Mitglied des Begleitkomitees von Präsident Maithripala Sirisena. Und das gerade zu einer Zeit, als die Diskussionen um die Sinnhaftigkeit des von China finanzierten Hafens Hambantota akut wurden. Das Endresultat war die Übergabe des Hafens und von rund 60 Quadratkilometern Landfläche für einen Zeitraum von 99 Jah-

*Chinas BRI- Strategien für seinen Binnenmarkt*

ren an China. Dies nährte den schärfsten westlichen Kritikpunkt an der BRI, nämlich dass Chinas globales Investment und Kreditprogramm zur Schuldenfalle für anfällige Länder wird und Korruption sowie autoritäres Handeln in schwächelnden Demokratien fördert.

Chinesische Firmen haben bereits über fünf Milliarden US-Dollar in den Bau von Straßen, Kraftwerken, Häfen und Hotels auf Sri Lanka investiert. Mehr als 30 000 Chinesen arbeiten in dem Land. China ist es auch gelungen, neue Beziehungen zur arabischen Welt zu knüpfen, ohne seine gute Beziehung zu Israel zu beeinträchtigen. Im Jahr 2015 erwarb China die Lizenz für Israels größten, in Haifa gelegenen Hafen; eine chinesische Firma baute ein neues Terminal für ultragroße Containerschiffe im zweitgrößten israelischen, in Aschdod gelegenen Hafen und war an der Finanzierung und dem Bau einer Landbrücke von dort zu Israels drittgrößtem Hafen beteiligt, der in Eilat am Roten Meer liegt.

Ein anderes Beispiel ist Kasachstan. Die großen Energievorkommen brachten dem Land wirtschaftlichen Aufschwung und der Bevölkerung steigende Einkommen. Bei Langzeit-Präsident Nasarbajew führte dieser Umstand zu so mancher Extravaganz. Seit dem Verfall der Ölpreise haben die strategische Partnerschaft mit China, die Positionierung im Wirtschaftskorridor und die Zuganbindung neue Türen geöffnet. Inzwischen gehört fast ein Viertel der kasachischen Ölproduktion chinesischen Unternehmen.

In Turkmenistan, das zwischen 2009 und 2015 125 Milliarden Kubikmeter Gas nach China exportiert hat, erschließt die China National Petroleum Corporation heute die Gasvorkommen in Bagtyýarlyk, nachdem sie bereits die Gasfelder von Bota, Tangiguyi und Uzyngyi in Betrieb genommen hat. Kürzlich unterschrieb China einen Vertrag mit Turk-

**136**

menistan über Gas- und Uranlieferungen im Wert von 15 Milliarden US-Dollar.

Dies sind nur einige Beispiele für Chinas geostrategische Investitionen im Rahmen der BRI.

Aber China festigt nicht nur seine Beziehungen zu den Schwellenländern Asiens und Afrikas, es investiert auch in europäischen Staaten, die an der BRI beteiligt sind. So finanziert es, wie vielfach kritisch in den Medien besprochen, den griechischen Hafen von Piräus und mit drei Milliarden US-Dollar den Hochgeschwindigkeitszug von Belgrad nach Budapest. Es sind Pipelines, Straßen und Zugverbindungen zwischen Xi'an und Belgien geplant, zudem soll eine 13 000 Kilometer lange Frachtroute von Yiwu (rund 100 Kilometer südlich von Hangzhou) nach Madrid gebaut werden.

## Gegenseitiges Verständnis als Basis

Wie beschrieben, war die antike Seidenstraße nicht bloß ein Handelsweg für Seide und Tee, sondern schuf die Voraussetzung für den umfassenden Austausch von Waren, Ideen und Kultur. Genau diesem Nebeneinander und der Vermengung vieler Kulturen wird in der BRI eine Schlüsselrolle zukommen. China ist sehr daran interessiert, seine Kommunikationsfähigkeit zu steigern, um, wie Präsident Xi Jinping sagte, »seine Stimme zu kräftigen und Chinas Geschichte deutlich zu erzählen«. Dabei bedient man sich noch immer für Europäer manchmal gewöhnungsbedürftiger Formeln und Formulierungen.

Nur wenige Westeuropäer dürften bislang von der 16+1-Gruppe gehört haben, die 2011 von China und 16 ost- und mitteleuropäischen Ländern gegründet wurde: Albanien, Bosnien und Herzegowina, Bulgarien, Kroatien, Tschechien, Estland, Ungarn, Lettland, Litauen, Mazedonien, Montenegro, Polen, Rumänien, Serbien, Slowakei und Slowenien. Die Formel »16+1« steht für eine Initiative der verstärkten Zusammenarbeit zwischen elf EU-Mitgliedsstaaten und fünf Ländern des Balkans. Dies betrifft nicht nur Infrastruktur, sondern auch Bildung, Wissenschaft und Kultur. Ein Fünf-Jahres-Austauschprogramm für 1000 junge Menschen aus China und den 16 europäischen Ländern wurde ins Leben gerufen, um die direkte zwischenmenschliche Verständigung zu fördern, eine bessere Kommunikationsbasis für die zukünftig einflussreiche Elite zu schaffen.

Der Aufbau von Infrastruktur ist ein entscheidender Teil von Chinas Erfolgsgeschichte und definiert auch die Rahmenbedingungen für die Länder der BRI. Das weiter gefasste Wirtschaftsparadigma ist die Wiederbelebung der Süd-Süd-Zusammenarbeit und des Süd-Süd-Erfahrungsaustauschs zwischen den Ländern, die wir in unserem Buch *Machtwende* kollektiv als den Globalen Südgürtel bezeichnen. Sie sind durch die gemeinschaftlichen Herausforderungen, mit denen sie sich während der Kolonialära und in der Zeit danach konfrontiert sahen, eng zusammengewachsen und heute fest zur Zusammenarbeit entschlossen. Diese Länder teilen die Herausforderungen, mit unterschiedlichen wirtschaftlichen Bedingungen innerhalb der eigenen Grenzen zurechtkommen zu müssen. Sie überbrücken die Kluft zwischen modernen Hightech-Ballungszonen und veralteter Produktion und widmen sich heute, dringlicher denn je, Themen wie sauberes Trinkwasser, sichere und gesunde Nahrungsversorgung sowie Gesundheitsfürsorge.

Chinas Erfahrungen und jene von Indien, Pakistan und Kasachstan mögen sehr unterschiedlicher Natur sein, dennoch finden sie einen gemeinsamen Nenner in ähnlichen

Erfahrungen im Zusammenhang mit Unterentwicklung und Kolonialismus. Zu den gemeinsamen Erlebnissen gehört für einige der Staaten eine Form von imperialistischem Kommunismus zu Zeiten der Sowjetunion, die Fortentwicklung aus dem Sozialismus sowie die Hinwendung zu einer von der Marktwirtschaft bestimmten Ökonomie. In anderen Fällen baut der gemeinsame Erfahrungsschatz auf der Verarbeitung einer kapitalistischen Vergangenheit unter kolonialer Ausbeutung und der Flucht aus einer auf Hilfe basierenden oder von Hilfe abhängig machenden Entwicklungspolitik auf.

Dass Afrika von China bereits Unterstützung erhielt, als China selbst noch zu den ärmsten Ländern zählte, ist in Afrika unvergessen und verleiht China Glaubwürdigkeit als ein Land, das einen pragmatischen, geschäftsmäßigen Ansatz gegenüber Entwicklungsländern verfolgt.

Chinas Strategie, Menschen in deren Muttersprache anzusprechen, zeigt sich auch in seiner Medienpolitik. China Central Television (CCTV), der größte Fernsehsender Chinas, bietet seinen Zusehern 24 Stunden am Tag und sieben Tage die Woche Informationen in regionalen Sprachen zusätzlich zu Englisch, Französisch, Spanisch, Arabisch und Russisch.

## »Guanxi« auf eine globale Ebene bringen

Aus welcher ideologischen Sicht man Chinas Bestreben, Brücken zwischen unterschiedlichen Kulturen zu bauen und Freundschaft und Vertrauen zu entwickeln, auch betrachtet, ist es doch ein Ziel, das alle Mühen lohnt, selbst wenn die Hürden sehr hoch sein mögen. Der Westen sieht China und die BRI aus zwei kontroversen Blickwinkeln: als

*Chinas BRI- Strategien für seinen Binnenmarkt*

ein Projekt, die Welt zu erobern, oder als das ambitionierteste Wachstumsprojekt aller Zeiten.

Aus Sicht Chinas werden diplomatische Bemühungen, freundschaftliche Beziehungen aufzubauen oder, anders formuliert, »Guanxi« auf eine globale Ebene zu bringen, als effektives Werkzeug zur Beseitigung von Barrieren eingesetzt. Wie schwer es ist, Menschen in ihrer eigenen kulturellen und emotionalen Sprache zu erreichen, zeigt sich auch in der chinesisch-europäischen Kommunikation. Auf diesem Gebiet gibt es noch reichlich Verbesserungsbedarf.

## Das Überspringen von Entwicklungen in Infrastruktur und Technologie

Während China inzwischen die Methode, »nach den Steinen tastend den Fluss zu durchqueren«, in Vollendung beherrscht, ist in bestimmten Fällen ein Überspringen von Entwicklungsstufen die Strategie der Wahl. Das trifft im Besonderen auf afrikanische Länder zu. Es wäre sinnlos gewesen, auf den Aufbau einer Bankeninfrastruktur zu warten. M-Pesa, das 2007 von der kenianischen Mobilfunkfirma Safaricom und Vodafon eingeführte System, erlaubt Geldtransfers und bargeldloses Zahlen über Mobiltelefone ohne reguläres Bankkonto.

Wir müssen nicht bis Afrika schauen, um die Notwendigkeit einer Infrastrukturverbesserung zu erkennen. Im Rahmen der Partnerschaft zwischen China und den Ländern Mittel- und Osteuropas (MOEL) wurde von China, Ungarn und Serbien als erstes konkretes Projekt die Erstellung, der Bau und die Finanzierung der 350 Kilometer langen Schnellbahnstrecke für die Ungarn-Serbien-Bahn vereinbart.

Zwischen 2016 und 2019 plant China 720 Milliarden US-Dollar in 303 Transport-Infrastrukturprojekte zu investieren. Ein teures Vorhaben, aber in Anbetracht der Größe des Landes vernünftig. »China gibt pro Jahr mehr für Wirtschaftsinfrastruktur aus als Nordamerika und Europa zusammen«, zitierte *Bloomberg* im Juni 2016 einen chinesischen Bericht.

Die Anzahl der chinesischen Flughäfen ist von 148 im Jahr 2007 (ohne Hongkong, Macau und Taiwan) auf 229 im Jahr 2017 gestiegen. Bis 2025 sind insgesamt 325 Flughäfen geplant. Im gleichen Zeitraum, bis Ende 2017, ist das Schnellstraßennetz auf über 136 500 Kilometer Länge angewachsen. Mit seiner beispiellosen Kapazität und Erfahrung hat China bereits mehr an Kilometern fertiggestellt als die restliche Welt zusammen. Davon entfallen bis 2017 25 000 Kilometer auf Hochgeschwindigkeitsstrecken, die nahezu alle chinesischen Städte mit mehr als 500 000 Einwohnern verbinden und einen Anteil von 66,3 Prozent an den weltweiten Hochgeschwindigkeitsstrecken ausmachen.

Die neuen Märkte, die sich China entlang der vielen Land- und Meereswege der BRI eröffnen, wird China nützen, um in der modernen Arbeitswelt, in der Roboter, selbstfahrende Systeme und digitale Produktion die treibenden Kräfte sind, seine Innovationskraft zu beweisen.

In einer vernetzten Welt wird es leichter sein, kreative Potenziale zu bündeln. Grenzen schwinden wirtschaftlich nicht nur zwischen Ländern, sondern auch zwischen Arbeitgebern und Arbeitnehmern. In den vergangenen Jahrzehnten hat China eine sehr hohe Lernkapazität bewiesen. Es gibt keinen Grund, weshalb es diese Fähigkeit verlieren sollte.

# Wird der Yuan zu einer Leitwährung?

Als während der Asienkrise 1997 die Gefährdung der asiatischen Volkswirtschaften durch die weltweite Währungs- und Marktvolatilität ernsthafte Besorgnis hervorrief und die Rolle des US-Dollars als globale Reservewährung den USA einen entscheidenden Vorteil, wenn nicht gar die Kontrolle über den weltweiten Finanzmarkt brachte, gab dies Chinas altem Traum, eine eigene Finanzarchitektur zu entwickeln, neuen Auftrieb.

Das konnte freilich nicht über Nacht verwirklicht werden. Ab 1997 strebte China danach, den Einfluss seiner eigenen Geldpolitik als Methode zur Minderung von Risiken im Zusammenhang mit globalen Währungs- und Marktschwankungen auszuweiten. Ende der 2000er-Jahre unternahm die Volksrepublik China die ersten Schritte in Richtung einer Internationalisierung seiner offiziellen Währung, des Renminbi. Am Beginn des langen Weges standen die Expansion von Yuan-basierten Offshore-Geschäften und Bemühungen, den Renminbi durch direkten Handel und Austausch in den Sonderverwaltungszonen Hongkong und Macau in Umlauf zu bringen. Da allein in Hongkong zu jeder Zeit rund 700 Millionen Yuan im Umlauf sind, entwickelte sich der Yuan dort zu einer zweiten Währung.

Die Idee zur Gründung der Asiatischen Infrastrukturinvestmentbank und der Entwicklungsbank als neue multilaterale Entwicklungsbanken für die Staaten der BRI war nachhaltig beeinflusst von den Sorgen Chinas und anderer Schwellenländer die Finanzkrise von 2008 und das Nachkrisenmanagement betreffend.

Die Gründung der beiden Institutionen spiegelt auch Chinas Enttäuschung darüber wider, dass man es nicht schaffte, innerhalb des Internationalen Währungsfonds und der Weltbank trotz beträchtlicher finanzieller Zuwendungen an beide Organisationen größeren Einfluss zu erlangen. Geopolitische Interessen haben Chinas Einfluss und seiner Mitwirkung im Konzert der einflussreichen Industrieländer enge Grenzen gesetzt. Warum also keinen Alleingang starten, neue multilaterale Entwicklungsbanken gründen und durch einen Zusammenschluss von Entwicklungsländern eine neue Finanzarchitektur etablieren?

## Die Internationalisierung des Yuan

Es ist ein logischer Schritt im Zuge der wachsenden globalen Präsenz Chinas und eine Kernstrategie der BRI, eine Internationalisierung des Yuan als die kommende globale Leitwährung anzustreben, zumindest für die an der BRI beteiligten Länder. Die Weltwirtschaft und die Weltpolitik haben sich verändert und befinden sich in einer neuen und schnellen Evolution der Multipolarisierung. Seit der Finanzkrise ist die Instabilität des internationalen Währungssystems ein zunehmend ernsthaftes Problem geworden. China beäugt schon lange argwöhnisch die Dominanz der Vereinigten Staaten im weltweiten Finanzsystem. Angesichts der Machtverschiebungen innerhalb der Weltgemeinschaft verwundert es nicht, dass China und andere Schwellenländer bei der Anpassung internationaler Regeln und der Formulierung neuer Regeln wichtigere Aufgaben übernehmen und auch den Status erlangen, der ihrer jeweiligen Stärke entspricht. China plant, ein eigenes globales Finanzsystem ins Leben zu rufen. Über die BRI-Plattform

*Wird der Yuan zu einer Leitwährung?*

bringt China nun frischen Wind in das jetzige internationale Finanzsystem, indem es beständig die Stimme und den Einfluss der Entwicklungsländer in der internationalen Finanzwelt stärkt.

Am 1. Oktober 2016 wurde der Yuan in den Korb der Sonderziehungsrechte des Internationalen Währungsfonds aufgenommen und stieg damit zur internationalen Leitwährung auf. Er ist nun gleichberechtigt mit US-Dollar, Euro, Pfund und Yen. Doch obwohl China die weltweit größte Handelsnation ist, spielt der Yuan auf den Weltmärkten kaum eine Rolle.

Laut Zolldaten erreichten Chinas Ein- und Ausfuhren im Jahr 2017 einen Gesamtwert von 27,79 Billionen Yuan, jedoch erfolgen die weltweiten Zahlungen zu 41,9 Prozent in US-Dollar und nur zu 1,8 Prozent in Yuan. Vor China liegt noch ein langer Weg, bis seine Währung im Einklang mit den ehrgeizigen Zielen der Zentralregierung steht. Aber China kann uns durchaus alle überraschen.

## Die Internationalisierung des Yuan als Teil der Exportstrategie der »Belt and Road Initiative«

Internationale Medien haben vor allem die neuen Handelsströme der BRI im Blick. Doch Struktur und Vorgehensweise der BRI beinhalten und kombinieren industrielle wie auch finanzielle Strategien. Die Wirtschaft Chinas und seiner asiatischen Partnerländer in der BRI verlangt eine fortlaufende Produktion für den Export. Die Globalisierung der chinesischen Währung soll einerseits das langfristige Kapital liefern, das benötigt wird, um diese Exporte zu bedienen, und zugleich Chinas Handelspartner aus der Abhängigkeit vom US-Dollar befreien.

*Wird der Yuan zu einer Leitwährung?*

Genau aus diesem Grund ist der BRI-Verbund so entscheidend für die Internationalisierung des Yuan und die Internationalisierung des Yuan für die BRI von so großer Bedeutung. China ist im Begriff, eine teilgeschlossene Finanzarchitektur zu errichten, innerhalb der die Mitglieder des neuen BRI-Clubs den Yuan als Zahlungsmittel benutzen werden. Alle, mit Ausnahme der Zentralbank der Volksrepublik China, müssen jetzt tatsächlich den Yuan in Umlauf bringen. Da viele BRI-Staaten Chinas Ansatz einer gesteuerten Marktwirtschaft – eine Kombination aus Plan- und Marktwirtschaft – ebenfalls übernehmen, gilt dieses schrittweise Vorgehen gleichermaßen als akzeptabel wie pragmatisch.

## Die Entwicklung einer alternativen Finanzarchitektur

Wie beschrieben, besteht ein Teil von Chinas Strategie für Auslandsinvestitionen darin, viele der Fertigungsstätten für billige Massenwaren in andere asiatische Staaten der BRI zu verlagern. Gleichzeitig erhöht China seine Leistungsfähigkeit als Hersteller in Hightech-Produktionssparten, ein Gebiet, auf dem das Land im internationalen Wettbewerbsvergleich die Spitzenposition übernehmen kann. Hierzu gehören unter anderem Kernkraft, Hochgeschwindigkeitszüge, Generalplanungen von Bauprojekten, intelligente Netze, erneuerbare Energien sowie Schwermaschinenbau und Förderbänder.

Wesentlich für den Erfolg dieser Exportstrategie ist Chinas Fähigkeit, den Yuan als weltweites Zahlungsmittel zu stärken, indem es den US-Dollar bei seinen direkten Handels- und Investmentpartnern komplett außen vor lässt. Um diesem Plan auf die Sprünge zu helfen, hat China spezielle

**145**

*Wird der Yuan zu einer Leitwährung?*

Kapitalbeteiligungsfonds aufgelegt, zu denen beispielsweise der China-Africa Development Fund gehört. Diese Fonds werden den Yuan, nicht den US-Dollar, als Investitions- und Abrechnungswährung verwenden. China wird also direkt mit dem Yuan in BRI-Projekte in anderen Ländern investieren, jedoch müssen die Fonds dafür genutzt werden, chinesische Produkte und Ausrüstung einzukaufen, um so die Verwendung des Yuan im grenzüberschreitenden Handel und bei Direktinvestments zu fördern.

## Alte Muster ablegen

Der übliche Rat vonseiten des Internationalen Währungsfonds oder der Weltbank an eine unterentwickelte oder geschlossene Wirtschaft bestand darin, den Devisenhandel unverzüglich zu liberalisieren. Dies birgt Risiken, die China nicht gewillt war einzugehen. Stattdessen hat es sich durch die Umsetzung von Deng Xiaopings Schritt-für-Schritt-Politik (die Flüsse vorsichtig nach den Steinen tastend zu durchqueren) für eine sehr behutsame, jedoch effektive Ablaufplanung in Richtung Internationalisierung des Yuan entschieden. Nämlich den Yuan vermehrt für grenzübergreifende BRI-Transaktionen in Ländern zu verwenden, bis er so viel an Einfluss gewonnen hat, um ihn zu einer BRI-Reservewährung machen zu können.

Dieser Prozess begann während der globalen Finanzkrise 2008 mit der Chiang-Mai-Initiative. Deren Hauptgeldgeber China und weitere asiatische Staaten legten in der Folge einen Währungsstabilisierungsfonds auf, und es war klar, dass China vorbereitet war, beim Aufbau einer asiatischen Resilienz gegenüber der Volatilität der Weltmärkte die Führungsrolle zu übernehmen.

146

*Wird der Yuan zu einer Leitwährung?*

Die im asiatischen Raum aufgestellte, multilateral finanzierte Entwicklungsbank, die Asiatische Infrastrukturinvestmentbank, der Seidenstraße-Fonds und andere betätigten sich als Türöffner für die Schaffung einer parallelen globalen Finanzarchitektur. Die Frage lautet jetzt: Kann der Yuan eines Tages zur zweiten globalen Reservewährung werden und diesem Zweck im Gesamtkonzept der BRI-Vision dienen?

Die Internationalisierungsstrategie der BRI für den Yuan sieht zunächst zwei Schritte vor: Zunächst sollen die Anerkennung des Yuan und seine Verwendung als Handelswährung innerhalb des BRI-Länderverbunds ausgeweitet werden. Danach ist vorgesehen, die Zahl der Yuan-Clearingzentren in wichtigen BRI-Staaten aufzustocken, die als Finanzdrehscheiben für ihre Region fungieren.

## Künftige Risiken bei der Internationalisierung des Yuan

Die Idee, dass die BRI den Yuan auf seinem Weg zu einer zweiten Reservewährung unterstützen soll, verwundert ausländische Beobachter. Die gängige Ansicht ist, dass der Yuan, um eine globale Reservewährung zu werden, schlagartig aus dem festen Wechselkurssystem entlassen werden und in den freien Markthandel und Marktaustausch gelangen müsse. Das plant China jedoch nicht, und westliche Staaten schätzen diese Strategie unterschiedlich ein. Bei seiner Entscheidung zur Aufnahme des Yuan in den Währungskorb im Oktober 2016 war eine Begründung seitens des Internationalen Währungsfonds, dass der Yuan »ausreichend frei handelbar« sei.

Die Internationalisierung des Yuan ist als schleichender,

**147**

*Wird der Yuan zu einer Leitwährung?*

in gewisser Weise kontinuierlicher Prozess angelegt, den man als »Maulbeerbaum-Effekt« bezeichnen könnte. Seidenraupen knabbern sich langsam durch die Blätter des Maulbeerbaums. Ein Betrachter wird sich anfangs wundern, wie so kleine Raupen so große Blätter verspeisen können, wo sie doch so langsam fressen. Kaum schaut man weg, ist das Blatt auch schon verschwunden. Genau auf diese Art und Weise wird China den Einfluss und die Verbreitung des Yuan in den Staaten der BRI langsam, aber stetig ausdehnen.

Die mit dem wachsenden Einfluss des Yuan und seiner Verwendung als Reservewährung einhergehenden Risiken darf man natürlich nicht einfach unter den Teppich kehren. Könnte die Chinesische Volksbank am Ende durch eine anhaltende Internationalisierung des Yuan die Kontrolle über die Währung verlieren? Wird der Yuan zum Spielball von Spekulationen? Derzeit kann die Chinesische Volksbank den Yuan noch durch ihren umfangreichen Kontrollapparat verteidigen und beeinflussen. Aber wie wird sich die Situation in Zukunft darstellen?

China könnte sich in einer ähnlichen Lage wiederfinden wie die USA und sich gezwungen sehen, die Yuan-Geldmenge ständig weiter zu erhöhen, um den Entwicklungsbedürfnissen der BRI-Staaten gerecht zu werden. Das würde ein Anwerfen der Druckerpressen erforderlich machen. Stabilitätssicherung und Inflationskontrolle könnten unter Umständen nicht so leicht bewältigbar werden, wenn der Yuan in den BRI-Ländern auf breiter Front in Umlauf gebracht und gehandelt wird.

## Wie der Yuan auf Reisen gehen wird

In Singapur, Malaysia und Korea folgt die Verbreitung des Yuan dem Strom der chinesischen Touristen. Um sie zu einem Besuch inklusive Kaufrausch zu animieren, verwenden diese Länder Preisauszeichnungen in Yuan für Waren und Dienstleistungen in Restaurants, Hotels und Geschäften. Sie akzeptieren den Yuan direkt von chinesischen Touristen, ohne dass diese erst ihr Geld in die einheimische Landeswährung umtauschen müssen.

Diesem Beispiel folgend, kommen ähnliche Preis- und Bezahlmodelle inzwischen auch in Thailand, Deutschland, Frankreich, Spanien, Belgien und Luxemburg zum Einsatz. Zudem akzeptiert die Kreditkartenorganisation China UnionPay den Yuan, was eine Abwicklung in US-Dollar zu vermeiden hilft. Die Folge ist eine wachsende Marktmacht des Yuan.

In Chinas Grenzhandel mit Russland, Laos, Vietnam, Nordkorea und weiteren Ländern wird der Yuan zunehmend als Abrechnungswährung benutzt. Was mit formlosen Geschäften zwischen Einzelpersonen begann, wurde durch spezielle Grenzhandelszonen rasch geregelt. Da in den Ländern der BRI eine grenznahe Stadt nach der anderen den Yuan für Handelstransaktionen akzeptiert, ist er dabei, sich als Abrechnungswährung zu etablieren.

## Swap-Abkommen in Ländern der »Belt and Road Initiative« und darüber hinaus

Gemäß dem Bretton-Woods-System mussten nach dem Zweiten Weltkrieg alle Transaktionen im internationalen Devisenhandel in US-Dollar abgerechnet werden. Wollte

*Wird der Yuan zu einer Leitwährung?*

man also etwa Yuan gegen Schweizer Franken tauschen, mussten diese erst in US-Dollar und die US-Dollar anschließend in Schweizer Franken umgetauscht werden. Durch die Einführung eines bilateralen Swap-Abkommens zwischen der Chinesischen Volksbank und der Schweizerischen Nationalbank kann der Yuan seit 2014 direkt für Schweizer Franken gehandelt werden. Bilaterale Vereinbarungen dieser Art gestatten einen direkten Umtausch des Yuan in die Landeswährung des jeweiligen Vertragspartners.

Durch die Unterzeichnung direkter bilateraler Swaps mit anderen Ländern sind die USA aus dem Spiel, und China baut sein eigenes Finanzsystem auf. Direkte Swaps umgehen auch die Gebühren, welche US-Banken auf Abrechnungen im Devisenhandel erheben. In den meisten Fällen kassiert China bei seinen Swaps eine einheitlich festgesetzte Gebühr für den Devisenhandel, was zudem eine Belastung durch unvorhersehbare Marktschwankungen vermeidet.

## Der lange Marsch zur globalen Reservewährung

Der lange Weg des Yuan zur globalen Leitwährung begann mit dessen Umlauf im direkten Handel und Austausch in den Sonderzonen Hongkong und Macau. Auf der Grundlage wachsender Anerkennung und Verbreitung des Yuan als Abrechnungswährung begann die Chinesische Volksbank mit der Ratifizierung von direkten Devisenswaps mit anderen Staaten, die letztlich den Kern des Länderverbunds der BRI bilden sollten.

Unmittelbar nach der weltweiten Finanzkrise von 2008 handelte die Chinesische Zentralbank systematisch bilaterale Swap-Abkommen aus, um so den Einfluss des Yuan als

*Wird der Yuan zu einer Leitwährung?*

Währung zu stärken. Bis Ende Mai 2018 konnten mit 35 Ländern, Regionen und Institutionen Verträge mit einem Gesamtwert von 3,33 Milliarden Yuan unterzeichnet werden, darunter Südkorea, Chinas Sonderverwaltungszone Hongkong, Malaysia, Weißrussland, Indonesien, Argentinien, Island, Singapur, Neuseeland, Usbekistan, Mongolei, Kasachstan, Thailand, Pakistan, Japan, die Vereinigten Arabischen Emirate, Türkei, Australien, Ukraine, Brasilien, das Vereinigte Königreich, Ungarn, Albanien, die Europäische Zentralbank, Schweiz, Sri Lanka, Russland, Katar, Kanada, Surinam, Armenien, Südafrika, Chile, Tadschikistan, Marokko und Serbien. Die meisten dieser Länder sind dem Verbund der BRI beigetreten.

## Drei finanzpolitische Fehler, die China nicht begehen wird

Aber wird China es schaffen, seine Währung zu globalisieren, während es zugleich den freien Kapitalfluss und die Konvertibilität des Yuan einschränkt? Viele westliche Analysten und Thinktanks bezweifeln dies. Ökonomen im Dienst der Regierung Chinas und politische Entscheidungsträger sind dagegen überzeugt, dass dieses Ziel erreichbar sei. Im Zuge der Globalisierung des Yuan haben sie drei »Fehler« skizziert, die China nicht unterlaufen dürfen, drei verbotene Schachzüge für Chinas Finanzpolitik:

### Keine abrupte Abwertung
China wird den Yuan weder abrupt auf- noch abwerten. Sprunghafte Neubewertungen der Währung werden nicht passieren. China wird stets einen kontrollierten und stufen-

*Wird der Yuan zu einer Leitwährung?*

weisen Ansatz bei der Anpassung seines Währungskurses verfolgen.

Dies mag eine herbe Enttäuschung für viele Hedgefonds-manager sein, die auf eine abrupte Neubewertung des Yuan spekulieren. Jedoch ist das Wissen um Chinas Absichten zur Aufrechterhaltung einer stabilen Währung eine große Erleichterung für die Länder der BRI, die sich entschlossen haben, sich an Swaps zu beteiligen und den Yuan als Abrech-nungswährung verwenden. Zu den größten Sorgen der Ent-wicklungsländer im Verbund der BRI zählt die Angst vor einer plötzlichen Volatilität am Devisenmarkt.

### Kein frei schwankender Währungskurs

China wird den Yuan nicht sofort oder komplett floaten las-sen. Westliche Thinktanks und multilaterale Institutionen wie der Internationale Währungsfonds haben einen Free-Float für die chinesische Währung gefordert. Dies würde eine Abkopplung des Yuan vom administrativen Manage-ment der Chinesischen Zentralbank bedeuten und einen offenen Devisenhandel zu freien Marktpreisen ermöglichen. Sorry, Hedgefondsmanager, auch das wird nicht passieren.

### Keine Lockerung der Devisenkontrolle

China wird die Kontrollen zum Abfluss seiner Währung nicht lockern. Vielmehr hat das Land die Einschränkungen erhöht, um seine großen Reserven an Auslandsdevisen zu sichern. Wenn überhaupt, werden jegliche Züge in Richtung einer Öffnung in Mikroschritten erfolgen.

Chinas Zentralbank wird eine gleitende Marktorientie-rung des Zinssatzes als ein Werkzeug zur Anpassung und Stabilisierung der Wechselkurse vornehmen. Sie wird

152

jedoch keinen freien Handel für Devisen erlauben oder andere vergleichbare Maßnahmen ergreifen, die einen Abfluss von Devisenreserven nach sich ziehen würden. Darüber hinaus wird sie eine Vielzahl unterschiedlicher administrativer Maßnahmen anwenden, um ihre Reserven zu schützen und den Kapitalabfluss zu stoppen.

## Kann der Yuan wirklich zur Leitwährung der »Belt and Road Initiative« werden?

Beobachter aus dem Ausland wundern sich, dass China auch nur annehmen konnte, die Internationalisierung des Yuan ohne die drei klassischen Wirtschaftsformeln zu schaffen: freies Floaten, freier Austausch und freie Zahlungsströme.

Trotz Chinas Aufstieg zu einer Wirtschaftssupermacht ist das Land noch immer ein Entwicklungsland mit einem Pro-Kopf-Einkommen von durchschnittlich 25 974 Yuan (etwa 3747 US-Dollar) im Jahr 2017. Die Ersparnisse der Menschen sind begrenzt, ihre wirtschaftliche Sicherheit wäre gefährdet, würde China seine Devisenkontrollen aufgeben.

So sehr China den Einfluss des Yuan als Weltwährung vergrößern will, muss die Chinesische Zentralbank doch jene Risiken abwägen, die sich ergäben, würde sie den Yuan der systemimmanenten Volatilität des weltweiten Devisenhandels aussetzen. Diesbezüglich bleiben Chinas Zentralbanker konservativ in ihrer Vorgehensweise oder agieren, wenn überhaupt, mithilfe des »Maulbeerbaum-Effekts«.

## Umweltpolitik im Zeichen der
## »Belt and Road Initiative«

Es war, wenn wir uns richtig erinnern, Reinhard K. Sprenger, der einmal sagte, dass jeder Leser seines Buches *Mythos Motivation* ein anderes Buch gelesen habe. Was auf ein so überschaubares Produkt wie ein Buch zutrifft, stimmt auch im Fall der BRI, die abhängig vom Kontext des Betrachters aus mehr als nur einer Perspektive gesehen wird. Je nachdem, mit wem man darüber spricht, wird man unterschiedliche Antworten und Einschätzungen erhalten. Am weitesten scheint uns die Kluft zwischen der Sichtweise Chinas und jener des Westens.

Wir müssen außerdem zwischen der Geschäfts- und der Medienwelt differenzieren. Unternehmer zeichnet eine viel offenere Einstellung aus, sie richten ihren Blick darauf, was für oder gegen ein Geschäft spricht. Westliche Medien nehmen in der Regel eine kritische und nicht selten voreingenommene Haltung ein. In Bezug auf ökologische Fragen kann es dann recht rasch zu einer Eskalation der Argumente kommen und zu einem Punkt, an dem jede vernünftige Debatte scheitert. Das muss freilich nicht immer so dogmatisch und eigensinnig sein wie im Fall von Donald Trump, der bereits Jahre vor seiner Präsidentschaft, am 6. November 2012, auf Twitter postete: »Das Konzept der Erderwärmung wurde von China ins Leben gesetzt und durch China verbreitet, um die Wettbewerbsfähigkeit der Stahl verarbeitenden Industrie der USA zu vernichten.«

Oftmals ist es einfach so, dass wirtschaftliche Vorteile ökologische Überlegungen in den Hintergrund drängen. Und oftmals lässt der Westen außer Acht, dass er in früheren Zeiten denselben Weg beschritten hat, den Schwellenländer heute gehen. Wir haben des Öfteren mit chinesischen Lokalpolitikern diskutiert und das Argument gehört, in Zeiten des Aufbaus sei das Motto »zuerst das wirtschaftliche Wachstum, dann das Saubermachen« auch aus Sicht der damals noch überwiegend armen Bevölkerung das richtige gewesen. Diese Einstellung hat sich jedoch schon längst geändert, und meist besteht an umweltschädigenden Unternehmen kein Interesse mehr.

## Wachstum nicht mehr um jeden Preis

Beim Großteil der 70 Staaten entlang der BRI-Route handelt es sich um aufstrebende Volkswirtschaften und Entwicklungsländer. Fast alle von ihnen befinden sich in einem Prozess der Industrialisierung und Urbanisierung und sind in hohem Maße von Energie sowie Rohstoffabbau abhängig. In vielen dieser Länder herrschen ähnliche geografische und wirtschaftliche Bedingungen, und es fehlt an unverzichtbarer Infrastruktur als Motor für den wirtschaftlichen Fortschritt. Für sie alle wirft das gemeinsame Ziel des Wachstums die Frage auf, wie zwischen boomender Wirtschaft und drängenden Umweltaspekten – also zwischen ökonomischen und ökologischen Interessen – ein Gleichgewicht erzielbar ist.

Angesichts dieser Umstände und der anhaltenden Berichterstattung über Chinas Umweltprobleme, insbesondere seine weithin sichtbare Luftverschmutzung, spekulieren westliche Medien gern darüber, ob die Einhaltung gewisser Umweltstandards von Finanzinstitutionen, die in Verbindung mit der BRI stehen, als Grundvoraussetzung gesehen wird. Ausländische Beobachter kommentieren und charakterisieren die BRI oft als eine Industriepolitik, deren

*Umweltpolitik im Zeichen der BRI*

Ziel es ist, Chinas umweltbelastende Industrien in rückständige Länder zu exportieren. In jüngster Zeit wurden in Berichten mitunter Zweifel laut, ob die Asiatische Infrastrukturinvestmentbank und andere Einrichtungen dieselben Umweltstandards wie die Weltbank festsetzen würden.

Solche Zweifel wurden schon früh laut. So schrieb *The Economist* am 11. November 2014 unter dem Titel »Warum China eine neue Weltbank schafft«: »In der Öffentlichkeit war die Besorgnis, wie sie von Amerika und einigen Verweigerern geäußert wurde, ein Mangel an Transparenz bezüglich der Vormachtstellung der Asiatischen Infrastrukturinvestmentbank. Kritiker warnen, dass die unter chinesischer Führung stehende Bank womöglich nicht den für die Mission von Förderkreditgebern wesentlichen Umwelt-, Arbeits- und Beschaffungsstandards gerecht wird.«

Dies sind subjektive Empfindungen aus einer amerikanischen Sicht, die auch gerne die umfassende Beteiligung westlicher Länder an der Asiatischen Infrastrukturinvestmentbank unberücksichtigt lässt. Wir interessieren uns in diesem Buch dafür, welche Absichten und Visionen China bezüglich der BRI hegt und wie das Land Umweltaspekte umzusetzen gedenkt.

## Chinas innenpolitische Herausforderung

Die Aufgabe ist gewaltig. China muss in allen Ländern, die durch die BRI verbunden sind, eine geeignete Infrastruktur für erneuerbare Energien schaffen. Und das tut es nicht bloß als Kehrtwende zu einer idealistischen Sichtweise, sondern verankert in dem Bewusstsein, dass das Problem der unübersehbaren Umweltverschmutzung in China im eigenen Interesse bekämpft werden muss.

Ein vier Jahrzehnte andauerndes hohes jährliches Wirtschaftswachstum hat seinen Tribut gefordert. Doch das soziale Bewusstsein hat in der chinesischen Bevölkerung Umweltbelangen nun Vorrang eingeräumt, weit stärker als je zuvor. Man ist über die aktuellen Verhältnisse besorgt, eine Luft zum Schneiden kann auch die bestkontrollierte Presse nicht wegschreiben. Die Herausforderung besteht jetzt darin, im richtigen Ausmaß umweltschädliche Industrien zurückzufahren, jedoch dabei Rückgänge in der Produktion und auf dem Arbeitsmarkt unter Kontrolle zu halten.

Um das zu erreichen, wird Chinas Staatsführung das chinesische Volk in den Übergangsprozess miteinbeziehen. So wird etwa die Bevölkerung wie auch die internationale Geschäftswelt auf niedrigere Wachstumsraten eingestimmt. Staatspräsident Xi Jinping sprach bereits von einem »ökologischen Wachstum«, und Ministerpräsident Li Keqiang weist bei öffentlichen Anlässen gern auf die »gleichzeitige Sicherung von ökologischem Fortschritt und Wirtschaftswachstum« hin.

## Gefahr der Landverödung

Chinas gewaltiges BRI-Infrastrukturprojekt wird sich mit dem gleichen Problem konfrontiert sehen wie die alte Seidenstraße: Sand. Wüstenbildung, Bodenabtragung und Dürre bedeuten eine massive Herausforderung für 60 bis 65 Länder der BRI. Am stärksten betroffen sind Kirgisistan, Pakistan, Ägypten und die Mongolei. 90 Prozent ihrer Landfläche sind von Wüstenvormarsch und Landverödung bedroht. Die Türkei verliert über zehn Millionen Hektar landwirtschaftlicher Nutzfläche, zusätzlich sind 5,2 Millionen Hektar Waldland von Bodenverschlechterung bedroht.

Sieben der chinesischen Provinzen (oder autonomen Regionen), überwiegend im trockenen Nordwesten, in dem sich 95 Prozent von Chinas Wüsten befinden, sind massiv von der Versandung betroffen, wie die Staatliche Forstverwaltung einräumt.

## Ökonomische Unterentwicklung und ökologische Zerbrechlichkeit gehen oft Hand in Hand

Die meisten der unter Dürre leidenden Länder haben zusätzlich mit einem niedrigen wirtschaftlichen Entwicklungsstand zu kämpfen, wobei jedoch eine zügigere wirtschaftliche Erschließung wiederum die Gefahr von Umweltproblemen verschärfen würde.

Infrastruktur ist eine unverzichtbare Voraussetzung für Fortschritt, und Handel zieht erhebliche Umweltauswirkungen nach sich. Die chinesische Regierung ist sich dessen bewusst und hat daher im Jahr 2015 die Untersuchung der ökologischen Situation entlang der Routen der BRI zur zentralen Aufgabe des National Remote Sensing Center of China erklärt.

Im eigenen Land hat China den Kampf gegen die Ausbreitung seiner Wüstengebiete verstärkt. Laut der Staatlichen Forstverwaltung nahm die Fläche der Wüstengebiete in den späten 1990er-Jahren um 10 400 Quadratkilometer pro Jahr zu. Seitdem sank die jährliche Ausweitung um zwei Drittel und beträgt nun durchschnittlich 2424 Quadratkilometer pro Jahr.

Auf einer Veranstaltung in Peking anlässlich des Welttages der Wüstenbekämpfung unterstrich China im Juni 2016 seine Entschlossenheit, im Kampf gegen die Bodenverschlechterung voranzugehen. So verkündete der Leiter der Staatlichen Forstverwaltung, Zhang Jianlong, man wolle bis 2020 100 000 Quadratkilometer versandeter Landfläche rekultivieren und über die Hälfte der regenerierbaren Wüsten Chinas in Grasland umwandeln. (wxch.nl/2VawNnT)

## Die Chance auf eine Pionierrolle beim Umweltschutz

Chinas Bemühungen liegen sowohl im Interesse nachhaltiger Bündnisse und Partnerschaften im Rahmen der BRI als auch in seinem eigenen Interesse, ein neues Bild von sich als wichtiger Global Player zu vermitteln – nicht nur als größte Volkswirtschaft, sondern als Vorreiter in Sachen Umweltschutz. Das Image Chinas in der Welt wird eng damit verflochten sein, wie umweltfreundlich sich seine BRI präsentiert, denn die Auswirkungen von Chinas Umweltpolitik sind immens. Sollten Chinas Anstrengungen erfolgreich sein, können sie als Vorbild für viele Schwellenländer und für die Entwicklung der BRI dienen. Im Falle eines Scheiterns werden sich seine Umweltprobleme über den gesamten Erdball ausbreiten.

Im Folgenden eine Erläuterung, wie Chinas »*Ökologische Zivilisation*« als Basis für die Zukunft der BRI zu verstehen ist.

*Umweltpolitik im Zeichen der BRI*

## »Ökologische Zivilisation«: Chinas Version einer nachhaltigen Entwicklung

Das Konzept einer »*Ökologischen Zivilisation*« erschien erstmals in einem Bericht zum 17. Nationalen Volkskongress. Im Jahr 2013 betonte Präsident Xi Jinping, China werde »Reformen für eine Ökologische Zivilisation« auf den Weg bringen, um Interessenskonflikte zwischen wirtschaftlicher Entwicklung und der Umwelt zu lösen.

Am 25. April 2015 verkündete der Staatsrat der Volksrepublik China die Annahme von »Opinions on Accelerating the Ecological Civilization Construction« als einen nationalen politischen Rahmen für den Umweltschutz. So wolle man an der grundlegenden Staatspolitik festhalten, Ressourcen zu schonen, die Umwelt zu schützen, und dem Aufbau einer »*Ökologischen Zivilisation*« einen prominenten strategischen Rang verleihen. Diese Ziele wurden laut einer Meldung der staatlichen chinesischen Nachrichtenagentur *Xinhua* am 2. Dezember 2016 durch Präsident Xi Jinpings Aufruf zu erweiterten Reformen und zur Schaffung eines Maßnahmenkatalogs zur Förderung einer »*Ökologischen Zivilisation*« in China bekräftigt.

Chinas Vorstoß in Sachen Umweltfragen beinhaltet unter anderem einen besseren und strengeren Schutz von Ackerland und Wasserreserven, den Schutz natürlicher Ressourcen, die Einrichtung von Umweltentschädigungen sowie die Schaffung eines grünen Finanzierungssystems und eines Nationalparkverbunds.

Ein neuer Weg wurde eingeschlagen. Doch trotz der klaren Notwendigkeit braucht es seine Zeit, bis es zum allgemeinen Denkmuster wird. Und wie bei vielen Dingen läuft nichts ohne Finanzierung. Geld geht, wie wir wissen, dorthin, wo es am besten behandelt wird. In seinem Artikel

*Umweltpolitik im Zeichen der BRI*

»Reaping the benefits of a greener China« nimmt Autor John Barnes von PricewaterhouseCoopers dazu wie folgt Stellung: »Langfristig werden die vom Klimawandel betroffenen Bereiche ein Wachstumsumfeld schaffen, in dem sich Geschäftschancen für chinesische wie für ausländische Unternehmen bieten.«

Die »*Ökologische Zivilisation*« beinhaltet zudem ein neues Richtlinienwerk, das sich als Strategieplan für Chinas Wechsel von fossilen Brennstoffen zur Stromerzeugung zu erneuerbaren Energien präsentiert, was unter anderem durch Finanzierung, Bildung und Verwaltungskontrollen seitens der Regierung erreicht werden soll.

Dass den Worten auch Taten folgen, ist beispielsweise einem Bericht über das chinesische Unternehmen Everbright International (*Bioenergy insight*, 10. Januar 2017) zu entnehmen, in dem die Fertigstellung und Inbetriebnahme von 26 Anlagen zur Energieerzeugung aus Müll bestätigt wird. Die Abgasemissionen durch Everbright International entsprechen mittlerweile vollständig dem Euro-2010-Standard, wobei der Dioxinausstoß annähernd bei null liegt.

Das Strategiepapier zur »*Ökologischen Zivilisation*« enthält fünf Kernpunkte:

- Staatliche Investitionen für den Umstieg auf eine Stromerzeugung auf grüner Basis
- Finanz-, Kredit- und Steuerpolitik, um Firmen Anreize für erneuerbare und effiziente Energie zu bieten
- Das BIP neu überdenken
- Grüne Linien zur Markierung von No-Go-Zonen in sensiblen Ökosystemen (Regionen und Küstenstreifen), die unberührt und unerschlossen bleiben sollen
- Bildung, die Folgendes beinhaltet: eine umfassende Verbreitung gesellschaftlicher Werte; Ausbildung in Technik und neuer, grüner Ökonomie für junge Leute

*Umweltpolitik im Zeichen der BRI*

Gelingt die Umsetzung dieses Vorhabens, wird China zu einem Vorreiter. Es wird Maßstäbe für andere Länder setzen, die vor den gleichen Herausforderungen stehen. Während dieses Vorhaben allerdings noch auf seine Umsetzung wartet, lösen sich China und die aufstrebenden Staaten des Globalen Südgürtels von dem alten, von westlichen Regierungseinrichtungen und allgemein vom Westen dominierten Bretton-Woods-System des Jahres 1944. Unter dem Titel »Während die USA sich zurückziehen, ist China auf dem Weg zur Führung in erneuerbare Energie« analysierte der *Guardian* am 10. Januar 2018 einen Bericht des Institute for Energy Economics and Financial Analysis, der besagt, dass China in den nächsten Jahrzehnten das internationale Investment in erneuerbare Energien dominieren wird. (bit. ly/2mfD3Kt)

## Chinas neuer Plan im Detail

Zusammengefasst ist die *»Ökologische Zivilisation«* die Summe von Ausblicken und Schlussfolgerungen, welche auf drei zentralen Säulen fußen: grüne Infrastruktur, grüne Finanzen und Kredite. Auf den folgenden Seiten skizzieren wir ihre individuelle Bedeutung für die Realisierung einer umfassenden BRI.

### Grüne Infrastruktur

Chinas enormes Wachstum während der letzten 30 Jahre wurde hauptsächlich durch Anlageinvestitionen in Infrastruktur (Land, Immobilien, Einrichtungen, Maschinen) beflügelt. Diese Infrastruktur bot die Basis zum Aufbau von Netzwerken und war entscheidend für den Aufschwung

*Umweltpolitik im Zeichen der BRI*

zahlreicher Industrien. Sie ermöglicht nicht nur Industrieunternehmen den Kauf von Rohstoffen und die Herstellung von Fertigprodukten, sondern auch den effizienten Vertrieb der Güter im In- und Ausland.

Chinas Aufschwung als Erzeugerland ging Hand in Hand mit seinem rapiden Aufstieg zum weltgrößten Energieverbraucher:

- China: 3101 Megatonnen Rohöleinheiten
- USA: 2196 Megatonnen Rohöleinheiten
- Indien: 0,882 Megatonnen Rohöleinheiten (sechs Prozent Steigerung im Jahr 2015)
- China gewinnt noch immer den Großteil seines Stroms aus Kohle und deckt damit 70 Prozent seines Energiebedarfs. Es ist ein Kernziel der Politik der *»Ökologischen Zivilisation«*, die Stromgewinnung von Kohlefeuerung auf grüne Energie umzustellen: auf Solar-, Wind- und Atomkraft. Atomkraft gilt nach Ansicht Chinas als sicher, obwohl die Uranförderung und die Lagerung nuklearer Abfälle ihre eigenen Risiken und Umweltschäden mit sich bringen.

## Chinesisch-europäisches Teamwork

Die Umstellung der Stromnetze von fossilen Brennstoffen auf erneuerbare Energieträger erfordert von China gewaltige Investitionen in unterschiedliche Technologien und Systeme. Europäische Technologien liegen dabei an erster Stelle. Das ist ein Grund, weshalb die Zusammenarbeit mit Europa so entscheidend für die Entwicklung der Politik der *»Ökologischen Zivilisation«* ist. Fachleute der Europäischen Union helfen bei der Ausarbeitung neuer, hoher Standards. China respektiert die europäischen Standards und Bestrebungen beim Umweltschutz. Dies war ausschlaggebend

*Umweltpolitik im Zeichen der BRI*

dafür, sich für Vorgaben und Beispiele bezüglich Richtlinien auf der Basis europäischer Erfahrung an die EU zu wenden.

Ein Paradebeispiel für die positiven Auswirkungen auf beides, Ökologie und Ökonomie, liefert Finnland. Die Überschrift in einer Prognose mit dem Titel »Finnland 2030« bestätigte, dass »eine Energieerzeugung in Kleinkraftwerken, ein Ausbau sauberer Energielösungen für Gebäude und die Entwicklung intelligenter Stromnetze eine bemerkenswerte Anzahl neuer Geschäftschancen sowie ein gewaltiges Wachstumspotenzial bieten«.

Schon heute setzt Finnland auf modernste Technologie beim Bau von Nullenergiehäusern, die ihren Energiebedarf selbstständig decken. Im globalen Kontext entspricht Finnlands Bevölkerung von fünf Millionen Menschen gerade einmal einem Bezirk in vielen chinesischen Städten, weshalb die weltweiten Auswirkungen solcher Maßnahmen klein sein mögen. Dennoch zeigt das Beispiel, was möglich ist, wenn eine Stadt nach der anderen autarke Gebäude baut, und wie mächtig dadurch Chinas Einfluss werden könnte. Wenn China kooperiert und das Potenzial solcher Technologien wirkungsvoll einsetzt, wird seine Leistungsfähigkeit exponentiell ansteigen, die Kosten für erneuerbare Energie werden in der Folge dramatisch sinken. Deutschland hat das vorhandene Potenzial erkannt und bietet vor allem kleinen und mittleren Unternehmen Unterstützung. (bit.ly/2CBzuaA)

### Übertragung des Modells auf Afrika, Südasien und den Mittleren Osten

Regierungen in Afrika betrachten die Entwicklung entlang der Küsten und die Zusammenballung der Bevölkerung in den Städten mit Argwohn. Unter Berücksichtigung von Afri-

*Umweltpolitik im Zeichen der BRI*

kas Entwicklungsstand ist es noch ein langer Weg bis zu einer zentralen Energieerzeugung und urbanen Infrastruktur.

Das Konzept einer zentralen Energieerzeugung beruht darauf, dass ein einzelnes Kraftwerk eine ganze Region mit Strom versorgt. Was bedeutet, dass Städte und ihre Vororte an ein Stromnetz angeschlossen sein müssen. In nahezu allen afrikanischen Ländern liegen Dörfer über riesige Gebiete verstreut, was einen Anschluss von weit abgelegenen ländlichen Gegenden an das Stromnetz unmöglich macht oder zumindest nur unter Aufbringung enormer Infrastrukturkosten. Aus diesem Grund haben so viele Dörfer auf dem Land gar keinen Strom.

Würden afrikanische und südasiatische Länder dezentrale beziehungsweise örtliche Ministromnetze auf Solarbasis konstruieren oder, technisch einfacher, Solaranlagen auf Hausdächern installieren, hätten Dörfer und Familien ihre eigene Energiequelle und wären nicht von einem größeren Kraftwerk oder Stromversorgungssystem abhängig.

Käme dieses Modell der erneuerbaren Energien auch in den Megastädten Südasiens und Afrikas zum Einsatz, so hätte dies einen weiteren Kostenrückgang und Kapazitätsanstieg zur Folge. Es wäre eine Win-win-Situation für die Länder wie auch für die Expansion der BRI. Neben diesen Vorteilen hat die Erzeugung von erneuerbarer Energie auch das Potenzial, bis zu 50 Prozent mehr Arbeitsplätze zu schaffen als die Erzeugung von Energie durch fossile Brennstoffe. Das macht Chinas jüngste Fokussierung auf grüne Energie enorm attraktiv für jene Staaten, in welche China investiert.

Chinas Wende zu einer Politik neuer »ökologischer Städte« bildet inzwischen auch den Grundstein für eine Kooperation mit mehreren Ländern im Mittleren Osten. Sie folgen Chinas neuer Energiepolitik als Teil des BRI-Invest-

*Umweltpolitik im Zeichen der BRI*

mentprogramms. Und so erstaunlich das auch klingen mag – Länder wie Katar und Saudi-Arabien wünschen sich eine Zusammenarbeit mit China. Obwohl diese Länder ihre Einnahmen hauptsächlich aus dem Ölexport beziehen, streben sie einen Wandel zu autarken Volkswirtschaften auf Basis von Solarenergie an. Der wichtigste Bestandteil von Solarpaneelen ist schließlich Sand.

# Grüne Finanzen für eine grüne Seidenstraße

## Die grüne Finanz- und Kreditpolitik der »Belt and Road Initiative«

Mit dem Konzept einer »*Ökologischen Zivilisation*« und grünen Entwicklung löst sich China von seiner alten Strategie, »zuerst die Schweinerei zu schaffen und das Aufräumen auf später zu verschieben«. Zur Minimierung von Umweltschäden ist China bereit, Kooperationsmodelle mit einem Schwerpunkt auf wirtschaftlichen wie ökologischen Vorteilen gleichermaßen hin zu prüfen.

Chinas Seidenstraßen-Fonds hat einen Plan zur Umsetzung einer grünen Entwicklungs- und Finanzpolitik in Projekten der weltweiten Green-Transformation-Bewegung angekündigt. Hierzu zählen unter anderem Großprojekte in den Bereichen neue Energie, grünes Transportwesen, ökologische Kontrolle sowie diverse andere Infrastrukturprojekte.

## Grüne Projekte erfordern hohe Investitionen mit niedriger Anfangstilgung

Infrastrukturinvestments in Schwellenländern bergen hohe Risiken und benötigen viel Zeit, ehe sie sich amortisieren. Zu den wichtigsten Pluspunkten grüner BRI-Projektfonds zählen die Fähigkeit und Bereitschaft, trotz langer Laufzeiten und Rückzahlungsfristen, gewaltigen Kapitalbedarfs und niedriger Anfangstilgung vernünftige Finanzierungsbedingungen anzubieten.

*Grüne Finanzen für eine grüne Seidenstraße*

Nur solche Projekte, die soziale, ökonomische und ökologische Vorteile eines Investments im Blick haben, werden eine stabile Entwicklung an der Seidenstraße garantieren. Diese Fonds ermöglichen es Ländern, Probleme zu lösen, die in der Vergangenheit den Fortschritt vereitelten.

Der Fonds wird moderne Technologien zur Unterstützung der grünen Entwicklung in den Ländern und Regionen an der Route fördern. Zur Steigerung der Ressourcenproduktivität und zur Verringerung der Müllberge werden chinesische Unternehmen moderne grüne Technologien wie Abfallbehandlung und fortschrittliche Chemietechnik erwerben können. Die Ziele lauten Energieeinsparung, Schadstoffverminderung sowie der Aufbau einer Kreislaufwirtschaft entlang der Grünen Seidenstraße.

Im Gesamtkonzept der BRI möchte China bei der Förderung grüner Technologien und grüner Finanzen unter den Ersten, wenn nicht sogar das Pionierland sein. Es hat bereits mehrere Schritte gesetzt: So werden den Konsumenten beim Kauf von Elektroautos großzügige Rabatte gewährt, und zur Sicherung der Energieversorgung der Wagen werden überall im Land Stromtankstellen gebaut. Ganz neu ist diese Abkehr von Diesel und Benzin nicht. Seit 2008 widmen wir Untersuchungen der Innovationskraft in Zentralchina viel Zeit. Schon damals wurden in Chengdu alle öffentlichen Busse mit Strom betrieben.

Auch die Solartechnik macht Fortschritte, ein Beispiel dafür ist der Einsatz von Solarfarbe für Gebäudefassaden. China setzte sich auf dem Gebiet der installierten Fotovoltaikleistung für das Jahr 2020 das Ziel von 105 Gigawatt. Laut dem Unternehmen Asia Europe Clean Energy Advisory wurde dieses Vorhaben bereits im August 2017 mit 112 Gigawatt mehr als erreicht. Finanziert von LeEco, dem größten Internet-TV-Anbieter Chinas, plante das aus Kalifornien stammende Unternehmen Faraday Future für 2018 die Aufnahme der Produktion ihres Elektroautos FF91 und wollte damit Tesla Konkurrenz machen. Ziel war es, ein technisch ausgereifteres Luxus-E-Auto als Tesla zu bauen – für den halben Preis. Nick Sampson, der Schöpfer des Fahrwerks für Teslas Model S, gab an, Faraday Future strebe an, Mobilität völlig neu zu denken und sich damit von der traditionellen Automobilindustrie abzuwenden, der es nur um den Verkauf neuer Autos gehe. Allerdings ist Sampson mittlerweile von seinem Posten zurückgetreten. Und das nur einen Tag, nachdem der Produktentwickler Peter Savagian das Handtuch geworfen hatte. Einige Bereiche des Unternehmens wurden stillgelegt. Anstatt den 100 000 Dollar teuren FF91 Sedan nun wie geplant zu verkaufen, ist das Management mit Gerichtsverfahren und dem Kampf um Vermögen beschäftigt.

Trotz einzelner teils spektakulärer Fehlschläge hat die Einbindung der »*Ökologischen Zivilisation*« in die allgemein angewandten Umweltstandards der BRI oberste Priorität. Die Asiatische Infrastrukturinvestmentbank entwickelt derzeit für alle Projekte neue Umweltstandards auf der Grundlage der »*Ökologischen Zivilisation*«.

## China: Game Changer für grüne Anleihen?

Im Mai 2015 unterzeichneten die Asiatische Infrastrukturinvestmentbank und die Europäische Investitionsbank eine Rahmenvereinbarung über eine breitere Zusammenarbeit. Die Europäische Investitionsbank ist der weltweit größte Kreditgeber für klimarelevante Investments und zugleich die weltweit führende Emissionsbank für grüne Anleihen. Mit der ersten grünen Anleihe, die die Europäische Investi-

*Grüne Finanzen für eine grüne Seidenstraße*

tionsbank im Jahr 2007 emittierte, nahm sie eine Pionier-rolle im Markt für grüne Anleihen ein. Im Jahr 2015 machte der Anteil von Klimafinanzierungen außerhalb Europas bereits 30 Prozent des gesamten Kreditvergabevolumens der Europäischen Investitionsbank aus.

Das erste Gemeinschaftsprojekt der beiden Banken, eine U-Bahn-Linie in Lucknow, der Hauptstadt des indischen Bundesstaates Uttar Pradesh, zu deren Bau die Europäische Investitionsbank ein langfristiges Darlehen über 450 Millionen Euro beisteuerte, nahm am 1. Dezember 2016 eine erste Versuchsstrecke von 6,5 Kilometern in Betrieb. Am 5. September 2017 folgte die Phase 1A mit 8,5 Kilometern, die nach Fertigstellung 22 Kilometer umfassen wird. Werner Hoyer, Präsident der Europäischen Investitionsbank: »Chinas BRI dürfte in den ihr angeschlossenen Ländern weitere Chancen für Investments in wertvolle Projekte bieten.«

Jin Liqun, Präsident der Asiatischen Infrastrukturinvestmentbank, sieht in dem Abkommen einen »entscheidenden Schritt zur Vertiefung der Partnerschaft zwischen der Asiatischen Infrastrukturinvestmentbank und der Europäischen Investmentbank bei der Regulierung des gigantischen Finanzierungsbedarfs im weltweiten Infrastruktursektor«.

Die von der HSBC-Bank gesponserte Zeitschrift *Global Capital* schrieb in ihrer Ausgabe vom Dezember 2015 unter der Überschrift »China – ein Labor für Green Finance«: »Obgleich sich Asien als Ganzes im Vergleich zu manchen Teilen Europas mit der Annahme grüner Finanzierungsstandards schwertut, sticht China als ein Pionier heraus, der entscheidende Schritte in Richtung eines grünen Finanzsystems unternommen hat. Grüne Anleihen stehen dabei im Fokus, wobei der chinesische Markt das Potenzial besitzt, zum größten der Welt zu werden.«

*Grüne Finanzen für eine grüne Seidenstraße*

Das Konzept der grünen Bonds wurde erstmals durch die Weltbank im Jahr 2008 eingeführt. Die Skandinaviska Enskilda Bank unter der Leitung von Christopher Flensborg stand China bei der Begebung seiner eigenen ersten grünen Anleihe zur Seite. Eine in Hongkong ansässige Tochtergesellschaft des Unternehmens Xinjiang Goldwind Science and Technology brachte im Juli 2015 Chinas erste Anleihe unter dem Label »Green Bond« mit einem Zeichnungsvolumen von 1,4 Milliarden US-Dollar und dreijähriger Laufzeit an den Start. Die Agricultural Bank of China begab die erste internationale grüne Anleihe eines chinesischen Kreditnehmers. Die mehrfach überzeichnete Emission brachte fast eine Milliarde US-Dollar. Sean Kidney, Geschäftsführer und Mitbegründer der Climate Bonds Initiative: »Nicht nur, dass die Anleihe vierfach überzeichnet war – der Renminbi-Anteil war es sogar achtfach.«

Mit einem Anteil von rund 50 Prozent an allen Emissionen grüner Anleihen wurde China 2017 zum zweiten Mal Weltmarktführer, nachdem es 2016 die USA und Frankreich hinter sich gelassen hatte. (cnb.cx/2So5h4p)

Grüne Anleihen werden Bedingungen für das Fundraising von nationalen und lokalen Regierungen beinhalten. Die Infrastruktur muss den Umweltschutznormen genügen und zugleich erneuerbare und effiziente Energiesysteme mitberücksichtigen.

Green Finance ist ein Beispiel für den unterschiedlichen und doch parallelen Zugang, den die verschiedenen Ministerien Chinas zur BRI haben. Ma Jun, Chefökonom der Chinesischen Volksbank, dem führenden Emissionshaus für grüne Anleihen, betont, wie wichtig es ist, detaillierte »grüne« Standards zu schaffen, die bei allen durch grüne Anleihen finanzierten Ökoprojekten Anwendung finden sollen.

*Grüne Finanzen für eine grüne Seidenstraße*

Der Green Silk Road Fund, eine öffentlich-private Partnerschaft in China, wurde im März 2015 in Peking aufgelegt und verfolgt das Ziel, rund 526 000 Hektar erodierter Landfläche zu rekultivieren und in den kommenden zehn Jahren 1,3 Milliarden Bäume in ökologisch sensiblen Regionen entlang der Seidenstraße zu pflanzen.

## Das Konzept des Bruttoinlandsprodukts wird neu gedacht

Im 20. Jahrhundert diente das BIP häufig als Maß für die Wirtschaftsleistung und das Wirtschaftswachstum. Jetzt erst einmal wachsen und sich um andere Dinge später kümmern – nach dieser Devise wurde lange Zeit gehandelt. Inzwischen gilt der Anstieg des BIP nicht mehr unumstritten als Heiliger Gral einer prosperierenden, gesunden Wirtschaft.

Nach mehreren Jahrzehnten erfolgreicher wirtschaftlicher Entwicklung und als Folge davon katastrophaler Auswirkungen auf die Umwelt, überdenkt China sein Wachstumskonzept und die Art, wie Wachstum gemessen werden soll. Schließlich wurde das BIP als Maß der Wirtschaftsleistung einer Volkswirtschaft einfach von westlichen Wirtschaftsmodellen übernommen. Wenn wir vom BIP eines Landes sprechen, meinen wir den Gesamtwert aller Waren und Dienstleistungen, die *innerhalb* der Landesgrenzen produziert werden, ganz gleich aus welchem Land die dazu beitragenden Unternehmen stammen. Würde die neue, 1,8 Milliarden US-Dollar teure Fabrik von LeEco in Las Vegas tatsächlich Autos herstellen, zählten diese zum BIP der Vereinigten Staaten, nicht zu dem Chinas. Das BIP wird als geschlossenes System verstanden – was jedoch in Wirk-

172

lichkeit kein Land der Welt mehr ist –, und dann wird verkündet, die »Wirtschaft« eines bestimmten Landes sei um so und so viel Prozent gewachsen oder geschrumpft. Angesichts der heutigen globalisierten Welt sind diese genau ausgewiesenen Ziffern nicht mehr verlässlich.

Mit der »*Ökologischen Zivilisation*« entwickelt China derzeit seinen eigenen Denkansatz für »nachhaltige Entwicklung«, die Wirtschaftswachstum mit intakter Umwelt verbindet.

## Überprüfung natürlicher Ressourcen als neue Bewertung der Leistungen örtlicher Funktionäre

In einem revolutionären Schritt verknüpft China die beiden »Ö« von Ökonomie und Ökologie zu einer neuen Maßeinheit. Dieses Mal gibt es kein Modell, an dem sich China orientieren oder von dem es lernen könnte. Schritt für Schritt, durch Versuch und Irrtum, entwickelt es seine neue Maßeinheit.

Im Jahr 2015 wurde ein Pilotprojekt zur Überprüfung natürlicher Ressourcen im mongolischen Hulun Buir gestartet. Nach einer Ausweitung 2016 begann man mit umfassenden Kontrollen an Versuchsstandorten, gefolgt von regelmäßigen Audits ab 2018.

Um in der politischen Hierarchie nach oben zu kommen, mussten in der Vergangenheit örtliche Funktionäre in ihrem Amt erfolgreich sein. Und erfolgreich zu sein hieß, wirtschaftlichen Fortschritt in eine Stadt oder eine Region zu bringen. Lokale Wachstumsraten von 25 Prozent waren keine Seltenheit, wobei ein hoher Beamter einmal scherzhaft zu uns bemerkte, dass er nicht verstehe, wie die Summe aller lokalen BIPs höher sein könne als jenes des Landes. In

*Grüne Finanzen für eine grüne Seidenstraße*

ganz China gab es, und nebenbei gesagt gibt es sie immer noch, eine starke Konkurrenz bezüglich des lokalen BIP-Wachstums. Mit seiner neuen Politik stellt China das BIP in einen weiter gespannten Rahmen; es überdenkt seine einstige Strategie der hohen industriellen Zuwachsraten auf Kosten von Umwelt und Ökosystemen, stellt sie öffentlich infrage. Dabei kommt es den Behörden gelegen, dass die Umweltverschmutzung Formen angenommen hat, die selbst dem ehrgeizigsten Chinesen zu viel geworden sind. Einkommenseinbußen beziehungsweise höhere Ausgaben werden daher in Kauf genommen.

Einstellungen und Bewertungsmaßstäbe erleben einen signifikanten Wandel. Mit dem Begriff »*Ökologische Zivilisation*« bezeichnet China eine Zivilisation, in der Mensch und Natur in Harmonie existieren. Wer hätte vor zehn Jahren Aussagen wie die folgende vom chinesischen Präsidenten erwartet: »Wir Menschen müssen die Natur respektieren, ihren Wegen folgen und sie beschützen. Unsere Behörden werden einfache, bescheidene, grüne und kohlenstoffarme Lebensweisen fördern und gegen übertriebenen und ausschweifenden Konsum vorgehen.«? (Präsident Xi Jinping im Oktober 2017 vor dem Nationalkongress) Angesichts von wachsendem Wohlstand und der zahlenmäßig größten Mittelschicht der Welt ist China entschlossen, ökonomische und ökologische Belange in Einklang bringen. Das ist der Hintergrund, vor dem China seine Fortschrittsdefinitionen neu bewertet und die BIP-Bewertungskriterien überdenkt.

## Die Entwicklung neuer Maßstäbe

Die »*Ökologische Zivilisation*« ist Chinas Antwort auf die Frage, wie man »nachhaltige Entwicklung« garantieren kann. Es ist Chinas erster Schritt, und man kann davon ausgehen, dass dem bald weitere folgen werden, mit dem Ziel, eine eigene Maßeinheit für das BIP zu definieren. Für China ist eine solche Anpassung an die eigenen Bedürfnisse absolut sinnvoll. In der Folge wird das Land auch sein System von dem des Westens abgrenzen.

Diese Entwicklung begann, als Deng Xiaoping den Begriff von einer »sozialistischen Marktwirtschaft mit chinesischen Merkmalen« prägte, um Chinas einzigartige Mischung aus Plan- und Marktwirtschaft zu beschreiben. Seit dieser Zeit ist die Staatsführung bestrebt, wirtschaftliche Konzepte (und passende Begriffe dafür) zu definieren, die Chinas eigener Erfahrung entsprechen, anstatt Entwicklungen aus der westlichen Hemisphäre zu kopieren.

Demzufolge ist davon auszugehen, dass China seine eigene Methode zur Messung von Erfolg und Wohlergehen seiner Wirtschaft (und der anderer) entwickeln wird. Die traditionellen Messungen von industrieller Produktion und Produktivität, wie man sie zur Bestimmung des BIPs eines Landes nutzt, können auch weiterhin verwendet werden; um jedoch ein umfassendes Bild zu erhalten, wird China neue Bewertungen einsetzen.

## Ein systemischer Wandel im Finanzierungsschema

Das Konzept der »Bewertung von natürlichen Ressourcen« wird versuchsweise bereits auf der Ebene der Provinzregierungen angewandt. In der Vergangenheit wurden Verwal-

*Grüne Finanzen für eine grüne Seidenstraße*

tungsbeamte meist auf der Grundlage des BIP-Wachstums in ihrer Region oder in dem ihnen unterstehenden Verwaltungsbereich befördert. Unter der Politik der »*Ökologischen Zivilisation*« werden Beamte mit Amtshoheit über eine Provinz, Region, Stadt oder sogar nur einen Stadtteil künftig auch auf der Basis von Ökologie, Grünzonen und Erhalt des Kulturerbes evaluiert. Sollten diese innerhalb ihrer Amtszeit rückläufig sein, wäre ihre Karriere damit beendet. Sind diese Experimente in einer Region erfolgreich, könnten sie, abgestimmt auf die örtlichen Gegebenheiten, auch landesweit umgesetzt werden.

Auch die Aspekte der Umstellung auf erneuerbare Energien sowie Verbesserungen im Gesundheitswesen werden in die künftige Bewertung lokaler Wirtschaften miteinfließen. Die Anwendung des vom Entwicklungsprogramm der Vereinten Nationen geschaffenen Index der menschlichen Entwicklung als Bezugsgröße (dessen Problematik China sehr wohl kennt) erfordert breiter gefasste Überlegungen, um eine *gesunde* und nicht bloß eine wachsende Wirtschaft zu messen.

Wenn wir Chinas neuen Ansatz auf die BRI anwenden, umfasst deren wirtschaftlicher Erfolg in einem holistischen Konzept Bereiche wie Umwelt, Gesundheitswesen, immaterielles Erbe und anderes mehr. Für die an BRI-Projekten beteiligten Finanzinstitutionen bedingt dies einen systemischen Wandel in der Priorisierung bei Projektfinanzierungen.

## Chinas Ansatz übernehmen

Die Neubeurteilung des BIP steht in einem direkten Zusammenhang mit der BRI. Während sich China auf ein geringeres jährliches Wachstum einstellt (ein bis zu einem Grad willkürlich gesetzter Prozess, der in der westlichen Presse meist als Rückschlag bewertet wird), dürfen seine Unternehmen damit rechnen, von Auslandsinvestitionen in schneller wachsende Wirtschaftssektoren zu profitieren. Chinas phänomenales Wachstum gründete auf einem niedrigen Niveau als unterentwickeltes Land. Wie beschrieben, haben Schwellenländer, die von Chinas Inbound-Investitionen profitieren, nun ebenso die Chance auf hohe Zuwachsraten; mit dem durchaus gewollten Effekt, dass die hierdurch generierten Einnahmen auch chinesischen Investoren in diesen Ländern zugutekommen. Im Idealfall beruht ein dadurch erzieltes höheres Wachstum auf einer grünen Infrastrukturbasis, welche von der Übernahme politischer Leitlinien des Konzepts der »*Ökologischen Zivilisation*« seitens der BRI profitiert.

Unterdessen werden die BRI-Staaten ein Auge darauf haben wollen, wie China seinen eigenen neuen Maßstab für wirtschaftliche Gesundheit formuliert. Wird China die Prinzipien des Index der menschlichen Entwicklung des Entwicklungsprogramms der Vereinten Nationen in seine eigene Definition des ökologischen Wachstums übernehmen? (Stand 2017: China Rang 86, Deutschland Rang 5, Österreich Rang 20, Schweiz Rang 2, USA Rang 13). Wie auch immer China sein neues Maßstabsschema definieren mag, es wird einen großen Einfluss auf die BRI-Staaten haben, da sie dies möglicherweise auch als Maßstab für die eigenen künftigen Bedürfnisse heranziehen werden.

*Grüne Finanzen für eine grüne Seidenstraße*

## Die »Belt and Road Initiative« und grüne Grenzen bei der Entwicklung

Während der letzten zwei Jahrzehnte hat China die Mineralgewinnung im eigenen Land weitgehend überentwickelt. Im Rahmen des Konzepts der »*Ökologischen Zivilisation*« wurde ein Großteil der heutigen Fördergebiete auf Eis gelegt. Viele Regionen wurden »grün markiert«, eine künftige Erschließung ist dort damit ausgeschlossen. Dies warf die Frage auf, ob China ähnliche Überlegungen im Hinblick auf die natürlichen Ökosysteme anderer BRI-Staaten anstellen wird. Vor allem da weithin bekannt ist, dass China in Zentralasien und Afrika große Summen in die Rohstoffförderung investiert hat.

China hat seine Erfahrungen gemacht und kann die negativen Folgen der Ressourcenausbeutung und ihre Auswirkung auf die Wasser- und Nahrungsmittelquellen der Menschen gut einschätzen. Ob China als Ratgeber glaubwürdig werden wird, hängt davon ab, wie es ökologische und gesundheitsrelevante Bedenken im eigenen Land regelt.

Wie ausgewogen der Denkansatz auch sein mag, die BRI muss regionale Befindlichkeiten berücksichtigen. China wird das Konzept der »*Ökologischen Zivilisation*« als roten Faden verstehen, der sich durch die BRI-Politik zieht, und Bedenken in Bezug auf Ressourcenerschließung entlang der BRI-Routen sorgfältig gewichten. Eine Ausbeutung von Ressourcen, verbunden mit der Gefahr von Umweltschäden und lokaler Unzufriedenheit bezüglich Investitionen in die Infrastruktur oder im Privatsektor, wäre kontraproduktiv.

**178**

*Grüne Finanzen für eine grüne Seidenstraße*

## »Belt and Road Initiative«, ökologische Werte und Bildung

Wie fast überall im Leben sind Meinungen eng mit Verständnis verknüpft, und Verständnis ist eng verknüpft mit Bildung. Um das Konzept der *»Ökologischen Zivilisation«* zu kommunizieren, hat China einen neuen Bildungsansatz entwickelt und Schritte in folgende Richtungen unternommen:

- Dem Prinzip »Bildung von unten« folgend, soll der Fokus auf Umweltschutz gelegt werden, weg vom reinen Konsum.
- Förderung von technischen Fertigkeiten und der Hightech-Ausbildung für den Bereich erneuerbare und effiziente Energie, Gewässerschutz und Recyclinganlagen.
- Eine neue Gewichtung zugunsten traditioneller Werte und zulasten westlich importierter Prinzipien.
- Um Verständnis und Unterstützung der Bevölkerung für den neuen Kurs und die neuen Werte zu gewinnen, hat China via Massenmedien Kampagnen gestartet. Auf diese Weise möchte man eine Bewusstseinsänderung fördern und so leicht erreichbare Verhaltensänderungen wie geringeren Wasser- und Stromverbrauch bis hin zu Ansätzen einer einfacheren Lebensweise bewirken. Traditionelle Grundwerte werden die Bewohner der Dörfer und ländlichen Regionen entlang der BRI in stärkerem Maß ansprechen, wo ein bescheidener Lebensstil noch immer der Standard ist.

Die Achtung und der Stolz auf die nationale Kultur sollen junge Leute in den Staaten der BRI ermutigen, ihre eigene Kultur zu pflegen, anstatt einen gleichförmigen globalen Kulturmix zu schaffen. In diesem Zusammenhang hoffen wir sehr, dass das offizielle China diesen Vorsatz auch auf

*Grüne Finanzen für eine grüne Seidenstraße*

kulturelle Showeinlagen bei Banketten, Empfängen und Ehrungen anwendet. Chinas Kultur ist so viel reicher und sehenswerter als Kopien westlicher Darbietungen, die wir leider zu oft miterlebt haben.

Um die technologischen Erfordernisse und Vorgaben bei Energie, Umwelt und Wassermanagement zu erfüllen, will China Studenten aus Entwicklungsländern eine solide technische Ausbildung in China ermöglichen sowie finanzielle Unterstützung gewähren. Alle Studiengänge haben einen Bezug zu hochwertigen Umweltschutzverfahren, beispielsweise in Forschungsbereichen wie der Erhöhung von Batterieleistung, dem Datenmanagement, Architektur und Stadtplanung.

## Die »Belt and Road Initiative« und die »Ökologische Zivilisation« ins rechte Licht gerückt

Bleibt die Frage, ob Chinas Konzept der »*Ökologischen Zivilisation*« regional wie lokal den beabsichtigten Einfluss auf die Staaten der BRI haben wird.

Das World Economic Forum on Africa des Jahres 2014 in Abuja, Nigeria, könnte dabei eine Lehre sein. Repräsentanten des Forums betonten die Notwendigkeit, zwei OPEC-Fonds für Internationale Entwicklung für Afrika zu gründen. Einen an der Ost- und den anderen an der Westküste des Kontinents.

Weite Gebiete Afrikas sind nach wie vor ländlich und isoliert; es herrscht Bedarf an dezentralen, lokalen und erneuerbaren Energiesystemen. Die Technologien, welche China in den Ländern der BRI fördert, sind erneuerbar und speziell auf ländliche, unterentwickelte Gegenden zugeschnitten, was für diese Regionen durchaus wichtig ist. Etwa 60 Pro-

*Grüne Finanzen für eine grüne Seidenstraße*

zent aller Haushalte in Afrika südlich der Sahara verfügen über keinen Strom. Diese Technologien und die sich durch eine öffentlich-private Partnerschaft im Rahmen der BRI ergebenden Möglichkeiten könnten das ändern.

Viele Studenten des Mittleren Ostens, Zentralasiens und Afrikas studieren Bewässerungstechnik und Wasserbau. Sie werden davon profitieren, dass China einen Schwerpunkt auf ökologische Ausbildung legt. Neben den großzügigen Fördermitteln, die China vielen ausländischen Studenten zur Verfügung stellt, können diese sich mit zeitgemäßen Denkansätzen für eine moderne Stadtplanung vertraut machen. Nach ihrer Rückkehr in die Heimat wird ihr Wissen hoffentlich mit dazu beitragen, grüne Konzepte in die lokale Energie- und Stadtplanung zu integrieren. (bit.ly/ 2LD8876; bit.ly/2CDPbOP)

## Die vielleicht größte Plattform der Welt für Zusammenarbeit

Obwohl noch viele wirtschaftliche und politische Hürden zu überwinden sind und China Möglichkeiten finden muss, um einem Missbrauch seiner Finanzierungen vorzubeugen, ist die BRI schon über ihre Planungsphase hinaus. Inzwischen sind auch führende Finanz- und Bauunternehmen beteiligt.

Die Frage, ob die BRI ihre geplanten geografischen Dimensionen, ihre wirtschaftlichen Ziele und möglichen wirtschaftlichen Erträge erreichen wird, beantworten Optimisten und Pessimisten, Kritiker und Skeptiker unterschiedlich. Es gibt keine Garantie. In ihrem eigenen Bereich kann Chinas Führung Entscheidungen durchsetzen und umsetzen, selbst wenn die Zustimmung innerhalb Chinas

*Grüne Finanzen für eine grüne Seidenstraße*

geteilt ist. Im weltweiten Rahmen der BRI wird es wohl nie gemeinsame Beschlussfassungen geben. Historische, wirtschaftliche, politische und kulturelle Unterschiede müssen ausbalanciert werden. Doch ein Scheitern ist aus unserer Sicht nicht einmal angedacht. Und je mehr Transparenz und Offenheit die BRI prägen, desto stärker wird ihre Sogwirkung in ökonomischen und ökologischen Belangen sein.

# Die Neuerfindung der Globalisierung

Es besteht kein Zweifel daran, dass die Nutznießer der Globalisierung vor allem Küstenregionen und Nationen mit einem Zugang zu Meerhäfen waren. Dies führte zu einer riesigen Kluft zwischen reichen und armen Gegenden und Ländern, wobei Binnenregionen und Binnenstaaten zunehmend den Anschluss verloren. Chinesische Ökonomen sind der Ansicht, dass durch die BRI eine »Neuausrichtung der Globalisierung« mit dem Ziel eines ausgewogeneren Wachstums möglich ist.

Betrachtet man die Landverbindungen von Chinas Neuer Seidenstraße, erkennt man, dass Binnenrouten im Fokus stehen. Diese Regionen erhalten Zugangsmöglichkeiten, die sie seit den Tagen der alten Seidenstraße nicht mehr hatten. Es gibt jedoch einen großen Unterschied zur antiken Seidenstraße, und das ist die Initiative Chinas, die die weitere Entwicklung wenn nicht zu orchestrieren, so doch durch Impulse und Investitionen steuern wird. Die BRI ist nicht nur bloß Wirtschaftskorridor und Handelsroute, wie es bei der alten Seidenstraße der Fall war, sondern eine Zone der gestalteten, wirtschaftlichen Entwicklung.

Die Geschichte der meisten Industrienationen verlief nach dem bekannten Muster: vom Bauern zum Arbeiter zum Angestellten. Großteils traf dies auch auf China zu. Die wirtschaftliche Entwicklung nahm in den südlichen Küstenregionen Chinas ihren Anfang, wobei diese sehr von Hongkongs wesentlich besser entwickelten Märkten profitierten. Die Bauern im Landesinneren verließen ihre Felder, wurden Wanderarbeiter und bildeten so die Basis für Chinas Aufstieg.

*Die Neuerfindung der Globalisierung*

Die Sozialstruktur des Landes ist allerdings vom Hukou-System geprägt, das der Wohnsitzkontrolle dient. Aufgrund einer Haushaltsregistrierung nach Geburtsort erhalten Chinesen Sozialleistungen nicht von der Stadt oder der Region, in der sie wohnen, sondern von ihrem Geburtsort. Dieses System beschnitt die ohnedies geringe Kaufkraft jener Bauern, die der Landwirtschaft den Rücken gekehrt hatten, um in den Städten zu arbeiten. Sie mussten in der Stadt für die teuren Sozialleistungen wie Bildung, Gesundheitswesen und Wohnen mehr bezahlen als die dort geborenen Bürger. Das führte zu einer erheblichen Schlechterstellung dieser zuziehenden ländlichen »Gastarbeiter«. Gleichzeitig konnte die Entwicklung im Landesinneren nicht mit jener in den Küstenregionen Schritt halten. Ungleiches Wachstum war die Folge. Relativ ausgewogenes Wachstum und offener Zugang zu den Weltmärkten entlang der Routen der BRI sind die Kerngedanken einer neuen Globalisierung.

## Von »ausschließender« zu »integrativer« Globalisierung

Die gegenwärtige Struktur der von den Industrieländern dominierten Weltwirtschaftskarte ist von einem starken Fokus auf die Finanzmärkte und den Handel mit Internet-Wertpapieren geprägt.

Die Idee hinter der BRI unterscheidet sich erheblich von dieser Struktur. Die Grundlage der BRI werden Investitionen in Infrastruktur, Produktion, Verarbeitung, Handel und Dienstleistungen bilden. Als wir einmal mit den Stadtplanern von Chengdu die Strategie hinter der rasanten Entwicklung der Stadt diskutierten, erklärten sie uns, dass sie in

*Die Neuerfindung der Globalisierung*

den vier Industrieclustern der Stadt zuerst an die Zulieferer herangetreten sind. Als zum Beispiel Autobauer ihre Produktion nach Chengdu verlagerten, waren die notwendigen Zulieferfirmen bereits da. Man kann den neuen Ansatz der BRI damit vergleichen. Das Binnenland in West- und Zentralasien, die Mongolei sowie Regionen in Zentral- und Westrussland werden logistisch und wirtschaftlich zuerst aufgebaut und sich innerhalb eines Rasters von Städten und Regionen, die durch die Infrastruktur der BRI verknüpft sind, weiterentwickeln.

Wie bereits ausführlich beschrieben, ist die strategische Vision die Schaffung von Entwicklungskorridoren (»Belt and Road« – die Straße und das Band), die damit auch zur politischen Stabilität beitragen sollen. Ohne gesellschaftliche Stabilität stünde der Erfolg der BRI auf tönernen Füßen.

Und immer wieder steht das angepeilte Ziel des wirtschaftlichen Aufschwungs in engem Zusammenhang mit dem Grad der Sensibilität, mit der BRI-Projekte auf lokale Verhältnisse, Kultur und Umwelt Rücksicht nehmen. Im Unterschied zum traditionellen Ansatz des Westens, dessen wirtschaftliche Entwicklung als »ausschließend« beurteilt wird, sehen chinesische Ökonomen in der BRI ein frisches Konzept für eine »integrative« Globalisierung. Niemand wird sich dem Ziel einer gesellschaftlichen Stabilität und des wirtschaftlichen Fortschritts verbal entgegenstellen. In der Umsetzung wird sich allerdings zeigen, wie weit Vorsatz und Praxis auseinanderklaffen können.

*Die Neuerfindung der Globalisierung*

## Greifbare Resultate durch die »Belt and Road Initiative«

»Think big« ist ein Grundgedanke, der nicht nur im Westen verankert ist. Die BRI ist eine Idee, deren Zeit gekommen ist und die mit dem chinesischen kontextuellen Denkmuster durchaus harmoniert. Seit Oktober 2013, als sie erstmals vorgestellt wurde, hat sie sich zu einem zukunftsweisenden multilateralen Gefüge entwickelt. Allerdings nicht ohne Einsatz und Steuerung auf höchster Ebene. Bis Ende 2017 besuchte Chinas Staatspräsident Xi Jinping 61 Staaten und warb aktiv für die BRI als dynamischen Wachstumsmotor und multilateralen Verbund. Für eine Reihe der teilnehmenden Länder erweist sich die BRI schon heute als Win-win-Entscheidung.

Trotz der vergleichsweise frühen Phase, in der sich die BRI befindet, ist sie bereits über das Stadium von Absichtserklärungen und lediglich unterzeichneten Vereinbarungen hinausgekommen. Von 2013 bis 2016 wurden gewaltige Infrastrukturprojekte, ein Aufschwung in den Handelsbeziehungen und die finanzielle Kooperation unter den BRI-Staaten auf den Weg gebracht.

Das hochfliegende inoffizielle Ziel ist, das BIP der G7 (750 Millionen Menschen) in Höhe von 33,93 Billionen US-Dollar innerhalb von einigen Jahren zu schlagen. Die noch größere Herausforderung wird es sein, das Pro-Kopf-Einkommen der G7 zu schlagen. Mit rund 44 000 US-Dollar ist es drei Mal so hoch wie das Welt-Durchschnittseinkommen (2017).

Nachfolgend eine kurze Zusammenfassung von einigen der erzielten Resultate der letzten drei Jahre.

*Die Neuerfindung der Globalisierung*

# Ein Auszug der Erfolge der »Belt and Road Initiative«

*Transportwesen:* 38 große Transportprojekte wurden in 26 Staaten der BRI abgeschlossen. Bei vielen handelt es sich um länderübergreifende Straßen- und Schienenverkehrswege. Sie vernetzen die Staaten der BRI in einer neuen Qualität.

Frachtzüge zwischen Europa und China verkehrten 5611 Mal in den ersten elf Monaten des Jahres 2018. Das ist eine Steigerung um 72 Prozent im Vergleich zum Jahr 2017. Züge verbinden 56 chinesische Städte mit 49 europäischen Städten in 15 europäischen Ländern.

*Energie:* China hat in 40 Kraftwerke einschließlich elektrischer Umspannwerke sowie Pumpstationen für Gas und Öl investiert. Hiervon werden 19 Staaten der BRI profitieren.

*Handel:* Laut Ernst & Young wuchs das Handelsvolumen im Güterverkehr zwischen China und den Staaten der BRI auf mehr als fünf Billionen US-Dollar. Das Investment in Handels- und Wirtschaftszonen der Staaten der BRI erreichte 28,9 Milliarden US-Dollar. Dabei wurden 244 000 Arbeitsplätze geschaffen und mehr als zwei Milliarden US-Dollar an lokalen Steuereinnahmen generiert. Das Volumen des Rohstoffhandels zwischen China und den Staaten der BRI beläuft sich inzwischen auf 3,1 Billionen US-Dollar. Das entspricht 26 Prozent von Chinas gesamtem Außenhandelsvolumen. Steigendes Verkehrsaufkommen und vermehrte Investitionen werden den Handel in den kommenden Jahren beflügeln.

*Investitionen:* Chinas Gesamtinvestitionen in die BRI belaufen sich auf nunmehr 51,1 Milliarden US-Dollar. Dies entspricht einem Anteil von zwölf Prozent am Gesamtvolu-

*Die Neuerfindung der Globalisierung*

men aller Outbound-Direktinvestitionen des Landes. Es ist zu erwarten, dass China seine Investitionen in Zukunft weiter von den G7-Industrienationen hin zu Staaten der BRI verlagert.

*Wirtschafts- und Handelszonen:* China führt sein Modell der spezialisierten Wirtschafts- und Handelszonen als Plattform zur Unterstützung der Entwicklung in den Staaten der BRI ein. Bislang hat China 52 Wirtschafts- und Handelszonen eingerichtet, die in 18 verschiedenen Ländern operieren.

*Die Internationalisierung des Yuan:* Die Globalisierung des Yuan wird kontinuierlich voranschreiten. Laut *Global Times* haben bis September 2018 bereits 30 Staaten der BRI Währungsswaps mit China unterzeichnet. In 18 Ländern entlang der Route machten chinesische Banken Filialen auf. Laut Ernst & Young haben von China finanzierte Banken sich bis September 2018 mit rund 400 Milliarden US-Dollar an fast 2700 BRI-Projekten beteiligt und mehr als 200 Milliarden US-Dollar an Krediten vergeben. Fünf Länder (Katar, Malaysia, Thailand, Singapur und Ungarn) eröffneten Yuan-Clearingzentren. Kasachstan, Saudi-Arabien, Sri Lanka plus sechs weitere Nationen richteten Clearingnetzwerke für Devisenswaps ein.

Für alle Interessierten hat *Xinhua*, die offizielle chinesische Nachrichtenagentur, eine Website eingerichtet, den *Silk Road Information Service.* (bit.ly/2Tvrpd8)

*Die Neuerfindung der Globalisierung*

## Die Welt im Umbruch

Wir stehen an einem der komplexesten Scheidewege unserer Zeit. Nach dem Ende des Zweiten Weltkriegs begann das »amerikanische Jahrhundert«. Amerika ist noch immer die stärkste Militärmacht, verliert jedoch mehr und mehr Einfluss als globale Autorität. Die Präsidentschaft von Donald Trump kommt erschwerend hinzu. Zur gleichen Zeit spricht Europa nicht mit einer geeinten Stimme, und es herrscht ein Mangel an Führungsstärke.

Diese Phase wirtschaftlicher und ökologischer Verzerrung hat eine ideale Bühne für China bereitet. Und das zu einem Zeitpunkt, als China bereit und entschlossen war, globale Verpflichtungen zu übernehmen. In diesem Kontext wird die BRI ihre Wertigkeit als tragende Säule der wirtschaftlichen und geopolitischen Veränderung zeigen können.

Nach jahrhundertelanger westlicher Dominanz stößt China in seiner neuen Rolle naturgemäß auf Widerstand. Einerseits weil der Westen an seiner Führungsrolle festhält, andererseits weil das Selbstbild Chinas nicht mit dem Bild übereinstimmt, das der Westen vom Reich der Mitte hat. Rückblickend war es eine der großen Leistungen Amerikas, dass sein Selbstbild und das Bild, das die Welt von ihm hatte, lange Zeit übereinstimmten. Selbst für Länder, die ideologisch eine völlig gegenteilige Richtung verfolgten, wurde Amerika zur Latte, nach der sie sich streckten.

Das schwierigste und langfristigste Ziel, das sich China gesetzt hat, ist, einen authentischen und attraktiven »Chinese Dream« zu schaffen und auch auf dem Gebiet der Kultur ein Vorbild für andere Nationen zu werden.

*Die Neuerfindung der Globalisierung*

## Chinas methodisches Vorgehen

Der amerikanische Traum ist, oder war, die Summe vieler Entwicklungen und entstand »bottom up«: aus dem Volk, ohne strategische Steuerung und mit dem Grundrecht des Widerstandes gegen eine Regierung. Auch wenn es in erster Linie ein materieller Traum ist, der durch soziale Mobilität getragen wurde, schwingt in diesem Begriff das Gesamtbild einer Gesellschaft, die sich aus Menschen vieler Nationen zusammensetzt, mit.

China ist weder ethnisch noch politisch mannigfaltig. Der Kurs des Landes wird klar vorgegeben, auch wenn er dem Einzelnen genug Spielraum gibt, um wirtschaftliche Träume zu verwirklichen. Wir haben Chinas System mit dem Spruch: »Framing the forest but letting the trees grow« verglichen. Während also der Wald als Gesamtes Regeln und Grenzen hat, sind die Bäume darin mannigfaltig und von unterschiedlicher Art und Höhe.

Der Rahmen, in dem Chinas Bevölkerung lebt, wird im Allgemeinen als Schutz und nicht als Einschränkung erlebt, wobei dem Staat eine gewisse »Vaterrolle« zugeschrieben wird. Er entscheidet im Interesse der Familie. Es ist ein Denken, das der Geschichte und Kultur des Landes entspricht und sich nur langsam, wenn überhaupt, wandeln wird.

Vieles, was in China selbstverständlich ist, mutet uns seltsam an. Dazu gehört, dass kaum ein Vorhaben ohne Bezeichnung, ohne ein quantitatives Attribut auskommt. Aus chinesischer Sicht schafft dies Klarheit. Es sollte uns also nicht verwundern, dass nach dem Mao-Zedong-Denken, der Deng-Xiaoping-Theorie und den »Three Represents« (der Dreifachen Vertretung) Jiang Zemins nun Präsident Xi Jinpings »Four Comprehensives« (Vier umfassende Handlungen) im Vordergrund stehen:

190

*Die Neuerfindung der Globalisierung*

- Die umfassende Vollendung des Aufbaus einer Gesellschaft mit bescheidenem Wohlstand.
- Die umfassende Vertiefung der Reform.
- Das umfassende Vorantreiben der gesetzlichen Verwaltung des Staates.
- Die umfassende strenge Führung der Partei.

Wen wundert es, dass auch die BRI quantitative Elemente aufweist? In diesem Fall, und das ist durchaus berechtigt, geht es ums Verbinden. Wie also soll das Band der BRI geflochten werden? Einer der entscheidenden Aspekte dabei ist eine grenzübergreifende Philosophie, bekannt unter der Bezeichnung »Fünf Bindeglieder«, wovon unserer Ansicht nach zwei einem »nachgiebigen« und drei einem »harten« politischen Kurs folgen.

Die zwei »Bindeglieder« einer nachgiebigen Politik sind:

*Politische Kommunikation:* Die Staaten der BRI sollten ihre zwischenstaatliche Kooperation fördern, einen makropolitischen zwischenstaatlichen Austausch und Kommunikationsmechanismus auf vielen Ebenen anstreben, gemeinsame Interessen ausbauen, das gegenseitige politische Vertrauen stärken und einen neuen Konsens in Bezug auf die Zusammenarbeit erreichen. Sie erlaubt eine Neudefinition der Ziele auf der Grundlage tatsächlicher Bedürfnisse, die gemeinsame Nutzung von Informationen und das Teilen von Visionen.

*Zwischenmenschliche Bindungen:* Durch den geschäftlichen, kulturellen und akademischen Austausch und durch die Beziehungen und das Teamwork in den Unternehmen sowie die verschiedenen Medienpartnerschaften werden die Menschen Gelegenheit haben, ein tieferes Verständnis füreinander zu entwickeln. Ein besseres Verständnis wiederum begünstigt reibungslose Geschäftsbeziehungen und Einsicht in politische Herausforderungen, Risiken und fortschrittsrelevanter Bedürfnisse.

*Die Neuerfindung der Globalisierung*

Die drei »Bindeglieder« einer harten Politik sind:

*Konnektivität durch Infrastruktur:* Auf der Grundlage gegenseitiger Achtung von Souveränität und Sicherheitsbedenken sollten die Staaten entlang der BRI die Konnektivität ihrer Infrastrukturpläne und technischen Standardsysteme verbessern, gemeinsam den Bau internationaler Verkehrskorridore vorantreiben und ein Infrastrukturnetzwerk bilden, das Zug um Zug alle Subregionen in Asien sowie zwischen Asien, Europa und Afrika verbindet.

*Unbeschränkter Handel:* China ist sowohl bestrebt, Handels- und Investmentbedingungen zu erleichtern als auch zugunsten eines gesunden Geschäftsklimas in der Region und in allen betroffenen Ländern Handels- und Investitionshemmnisse abzubauen. China wird mit den Ländern und Regionen entlang der Route der BRI über die Öffnung von Freihandelszonen diskutieren, um so das Potenzial für eine expansive Kooperation freizusetzen.

*Finanzielle Integration:* China wird die finanzielle Kooperation vertiefen und sich noch intensiver um den Aufbau eines asiatischen Finanzierungssystems zur Währungsstabilisierung, für Investments und Kreditinformationen bemühen. Es wird den Rahmen und Maßstab bilateraler Devisenswaps und der Abrechnung mit anderen Ländern entlang der BRI erweitern. Die Kombination aus neuen multilateralen Entwicklungsbanken, Staatsfonds-Investments und der Beteiligung von Chinas Policy- und Handelsbanken wird eine neue Finanzarchitektur im gesamten Verbund der BRI-Länder schaffen.

*Die Neuerfindung der Globalisierung*

## Die »Belt and Road Initiative« als geopolitische Strategie und dazugehörige Sicherheitsbedenken

Es gibt überzeugende geopolitische Gründe für die Entwicklung der BRI. Bei der Vorbereitung seiner BRI-Strategie musste China heikle geopolitische Überlegungen anstellen, wie sich die Initiative auf das Zusammenspiel der drei kontinentalen Supermächte, Amerika, Russland und eben China, auswirken würde.

Im Laufe des 20. Jahrhunderts wurde Russland wirtschaftlich von seinen Öl- und Gaslieferungen nach Europa abhängig, während andere Bereiche und die riesigen Gebiete im Osten vernachlässigt wurden. Nach dem Fall der Sowjetunion entstand in Zentralasien ein Machtvakuum, da sich Russland ganz auf Europa konzentrierte. Die wirtschaftliche Integration der innerasiatischen Staaten in die BRI eröffnet diesen Binnenländern nun die Chance zu wirtschaftlichem Aufschwung. Zudem bietet sie ihnen erstmals eine Anbindung an Osteuropa sowie bessere Kontakte zu Russland und zu den westlichen Provinzen Chinas. Hiervon können wirtschaftlich alle Seiten profitieren.

Die innerasiatischen Länder teilen sich eine durchgehende Grenze mit China und Russland, was aus strategischer wie sicherheitstechnischer Sicht ein Problem darstellt. Durch den Kampf der Vereinigten Staaten gegen den Terrorismus sind diese Nationen in den Mittelpunkt des Interesses Amerikas gerückt. Interventionen seitens der USA in Zentralasien dürften mehr zu einer Destabilisierung beigetragen haben als zur Beruhigung. Die Art und Weise, wie die USA gegen Terror in jenen Ländern kämpfen, führt zu wirtschaftlichen Verwerfungen, die wiederum Flüchtlingskrisen zur Folge haben und eine politische Instabilität, die sich in der Region ausbreiten könnte.

*Die Neuerfindung der Globalisierung*

Die auf Zentralasien gerichtete BRI soll sich vorrangig auf wirtschaftliche Ziele konzentrieren. Entlang der »Bänder« (»belts«), die als Wirtschaftskorridore rings um die »Straße« (»road«) angeordnet sind, sollen Wachstum und Fortschritt in die Region gebracht werden. Regionale Sicherheit wird durch wirtschaftliche Integration gewährleistet.

Skeptiker des Westens unterstellten China versteckte Motive. Es könnte die BRI eventuell dazu benützen wollen, seinen Einfluss als Seemacht und seine Kontrolle über die Energiesicherheit auszudehnen. Wir möchten China nicht als selbstlose Macht darstellen. Zweifellos hat China Aspekte im Visier, über die nicht gesprochen wird. Aber das ist bei jeder Nation der Fall, die in der globalen Gemeinschaft eine wesentliche Rolle spielt oder spielen will. Das wirklich Entscheidende ist das Wirtschaftswachstum als Kernziel für nationale und internationale Sicherheit.

Im Folgenden ein Beispiel dafür, vor welchen Entscheidungen China derzeit steht: Viele Jahre bedrängten die Vereinigten Staaten China, Truppen nach Afghanistan zu schicken. Das US-Außenministerium begründete dies damit, dass China als eine der führenden Volkswirtschaften der Welt seinen globalen Verpflichtungen nachkommen müsse. Hierzu zählten laut dem US-Außenministerium die Entsendung von Truppen und eine Beteiligung an den Sicherheitskosten in Afghanistan. China sieht dies anders: Das Land komme durchaus seinen globalen Verpflichtungen nach, jedoch nicht mit Waffen, sondern in Form von Investitionen und Entwicklung. Haben die Menschen eine wirtschaftliche Existenzgrundlage, dann haben sie auch Hoffnung, und Frieden liegt im Interesse aller.

Im März 2017 verabschiedeten die 15 Mitgliedsstaaten des Sicherheitsrats der Vereinten Nationen einstimmig eine neue Resolution zur Erneuerung des Mandats für den

*Die Neuerfindung der Globalisierung*

UN-Hilfseinsatz in Afghanistan. Urgiert wurden auch weitere Anstrengungen zur Stärkung der regionalen wirtschaftlichen Zusammenarbeit durch die BRI. In der Resolution werden alle Parteien dazu aufgefordert, ein sicheres Umfeld für die Umsetzung der BRI zu schaffen, sich stärker für eine Kohäsionspolitik einzusetzen und eine pragmatische Zusammenarbeit zu fördern. Die Unterstreichung der Bedeutung der BRI durch den Rat hat das Ziel, eine »Gemeinschaft mit gemeinsamem Schicksal« zu schaffen. Dies zum ersten Mal in eine Resolution des UN-Sicherheitsrats aufzunehmen, spiegelt den Konsens der internationalen Staatengemeinschaft und die weltweite Anerkennung von Chinas Beitrag zur Weltordnungspolitik wider.

Um aus geopolitischer Perspektive zu beurteilen, wie positiv die BRI von den Staaten im BRI-Verbund, zumeist Entwicklungsländern, aufgenommen wird, muss man die US-Außenpolitik ab dem Zweiten Weltkrieg aus der Vogelperspektive betrachten. Ab den 1950er-Jahren drehte sich alles um den Export der Ideologie der industriellen Entwicklung. Das führte in vielen Ländern zu einer enormen Auslandsverschuldung, manche von ihnen gerieten in eine Armutsfalle. In den 1980er-Jahren war die Lösung der Stunde ein »Institutionenaufbau« mit dem Schwerpunkt auf der Einführung demokratischer Systeme, die aber häufig nicht zu den lokalen kulturellen Befindlichkeiten oder den historischen Realitäten passten. Als auch dies fehlschlug und es in den 1990er-Jahren zu militärischen Interventionen kam, die zu einer Destabilisierung ganzer Regionen führten, verlagerte sich der Fokus auf »Stabilität«, durchgesetzt unter dem Motto »Sicherheit«.

Chinas BRI-Strategie steht in starkem Kontrast zu entsprechenden amerikanischen Konzepten. Das von China propagierte übergeordnete Ziel lautet »friedliche Entwick-

**195**

*Die Neuerfindung der Globalisierung*

lung«. Ermöglichen soll das eine Strategie, die sich vorrangig auf Wirtschaft gründet. Chinas erklärte Vorgangsweise ist es, als Investor und Geldgeber die Bedürfnisse und Wünsche der Staaten zu koordinieren, ohne sich in deren politische Machenschaften einzumischen. Mit dem Ergebnis, dass China unter dem Stichwort des »dreifachen Nein« unverhohlen folgende Sicherheitspolitik im Rahmen der BRI verabschiedet hat:

*Keine Einmischung:* China hat klar und deutlich eine Politik der bedingungslosen Nichteinmischung in jedwede internen Angelegenheiten oder politischen Vorgänge der Staaten der BRI formuliert.

*Kein Machtbereich:* Chinas Funktionäre haben wiederholt betont, dass man nicht beabsichtige, irgendeine Form von übergreifender politischer Einflussnahme durchzusetzen. Stattdessen wolle man sich auf Geschäftsbeziehungen sowie wirtschaftliche Synergien konzentrieren und Entscheidungen der Länder im Falle politischer Machtwechsel respektieren, ohne für einzelne politische Akteure Partei zu ergreifen.

*Keine Hegemonie:* China wird weder Dominanz anstreben, noch versuchen, den Staaten der BRI seine eigenen politischen oder wirtschaftlichen Modelle aufzuzwingen. Es teilt seine Erfahrung im Entwicklungssektor, ist sich jedoch absolut darüber im Klaren, dass bestimmte Aspekte seiner eigenen Erfahrung für andere Länder relevant sein können und andere nicht. Außerdem bindet China in seine eigenen politischen Überlegungen die Rückmeldungen und Ansichten jeder Nation ein, mit der man zusammenarbeitet. Auf diese Weise gibt es keine Zwangsschablone für alle, sondern auf die individuellen Bedürfnisse jedes Einzelnen zugeschnittene Programme.

Zugleich sollte uns bewusst sein, dass sich Volatilität quer durch alle Entwicklungsländer zieht und die BRI-Richtli-

*Die Neuerfindung der Globalisierung*

nien sich eventuell in unerwarteten, unvorhersehbaren Situationen bewähren müssen, die eine Stärkung des gegenseitigen politischen Vertrauens zwischen den Ländern entlang der Route erfordern, um sich der Einflussnahme durch äußere Kräfte zu widersetzen und eine solide Grundlage für die Entwicklung einer regionalen Marktintegration zu schaffen.

Sicherlich geht Macht Hand in Hand mit Verantwortung. Gewollt oder nicht, fordert China Amerika als Wirtschaftsmacht heraus. China unterhält Handelsbeziehungen zu 120 Staaten, von denen 64 Teil der BRI sind. Chinas Gewicht in den Weltmärkten ist stärker denn je. Sein Wohlstand ist mittlerweile eng verknüpft mit seinen direkten Nachbarn und jenen Ländern der BRI, die das BRI-Konzept einbeziehen, und dies geht mit einer neuen Form der Verantwortung einher. Anstatt sich als Weltpolizist zu gerieren, steigt China mit Riesenschritten zum globalen Investor auf. In Zukunft könnte es der neue zentrale Banker sein, zumindest entlang der BRI, dem längsten Wirtschaftskorridor der Welt.

Am Beginn dieses Buches haben wir darauf hingewiesen, wie wichtig es im Interesse erfolgreicher geschäftlicher Beziehungen ist, Entwicklungen auch aus der Sicht und im Kontext Chinas zu verstehen. Im Herbst 2018 feierte China 40 Jahre der Öffnung und Reform. In 30 Jahren wird es das Erreichen seines zweiten 100-Jahr-Zieles feiern. Wenn die Entwicklungen so laufen wie von China geplant, dann als größte Wirtschaftsmacht der Welt und wohl auch als Land mit dem größten Gewicht in der globalen Gemeinschaft.

China hat nicht nur den festen Willen, zeigt nicht nur die Einsatzbereitschaft, seine Ziele zu erreichen, es möchte in seiner Position und für seine Leistungen Anerkennung fin-

*Die Neuerfindung der Globalisierung*

den. Das gilt sowohl im eigenen Land als auch innerhalb der Weltgemeinschaft. Wir haben die Bedingungen dafür in einer Rede in Peking so formuliert:

- Die Übereinstimmung zwischen dem Selbstbild Chinas und jenem Bild, das die Weltgemeinschaft von China hat.
- Die Übereinstimmung zwischen dem Selbstbild der Kommunistischen Partei Chinas und dem Bild, das das Volk von Chinas Kommunistischer Partei hat.
- Die Übereinstimmung zwischen den Zielen der Führung Chinas und den individuellen Zielen der Bevölkerung Chinas.

# Chronik der Seidenstraße

**Um 3000 v. Chr.:** Beginn der Herstellung von Seide in China. Da das Gewebe leicht und feuchtigkeitsabweisend ist, wird es zu einer kostbaren, in warmen Ländern begehrten Handelsware. Der Adel in den Königreichen des Mittleren Ostens, in Süd- und Zentralasien ist versessen auf Seide. Man produziert zunehmend auch für den Export, benötigt dazu aber Transportmittel.

**2500 v. Chr.:** Die Domestizierung von Kamel und Dromedar gleicht einem technischen Durchbruch. Da diese Tiere enorme Wassermengen im Körper speichern können, bereiten ihnen selbst lange Wüstendurchquerungen keine Probleme. So ziehen bald erste Karawanen durch die kargen Wüsten und Nomadengegenden Zentralasiens; man eröffnet Handelswege zwischen China, dem Mittleren Osten und schließlich Europa.

**Um 2000 v. Chr.:** Über nomadische Händler gelangt Seide von Ost- nach Westasien; mit der Seide nimmt der Welthandel seinen Anfang.

**Um 1000 v. Chr.:** Die Entdeckung einer in Seide eingewickelten ägyptischen Mumie lässt vermuten, dass die Seidenstraße schon viel früher genutzt wurde, als die meisten Historiker annehmen. China nimmt den Handel mit Nordafrika auf.

**959 v. Chr.:** König Mu aus Zhou ist der erste Reisende auf der Seidenstraße. Als erstes Staatsoberhaupt erkennt er die strategische Bedeutung der Handelsrouten. Asiatische Gelehrte und Philosophen gelangen bis nach Athen und beeinflussen die Werke Platos und den Baustil.

**334 v. Chr.:** Alexander der Große dehnt sein Reich bis nach Zentralasien aus und überschreitet dabei die Seidenstraße; der Endpunkt seiner Reise ist Taxila im heutigen Pakistan. Hier gründet

*Chronik der Seidenstraße*

Alexander eine Garnison, deren Soldaten nach der Abreise des Herrschers zum Buddhismus und Janismus konvertieren. Die Expansion hat die Öffnung von Handelsrouten zwischen Europa und Asien zur Folge und ermöglicht in beispielloser Form den kulturellen und religiösen Austausch zwischen Ost und West.

**221–206 v. Chr.:** Mit der *Qin-Dynastie* kündigt sich die Etablierung Chinas als Staat an. Im Jahr 221 v. Chr. werden rivalisierende Staaten unterworfen, Chinas Territorium wird durch Qin Shi Huang (auch bekannt als der »Erste Kaiser«) zum ersten Mal vereinigt. Er führt ein einheitliches System für Schrift, Gewichte und Maße ein, das eine Standardisierung des Handels ermöglicht. Gen Norden lässt er die Große Mauer als wirksamen Schutz der Handelswege errichten, die von seiner Hauptstadt, dem heutigen Xi'an, aus quer durch Westchina verlaufen. Wie sich zeigt, dient die Große Mauer nicht nur als Verteidigungsanlage, sondern auch als Kommunikationsnetzwerk. Von den Wachtürmen aus gesendete, dem Morsecode ähnliche Signale ermöglichen die Weiterleitung von Informationen quer durch das chinesische Reich, quasi in Echtzeit, abhängig von der Tageszeit.

**206 v. Chr.–220 n. Chr.:** Auf das Ende der Qin-Dynastie folgt die Han-Dynastie. Handelsbeziehungen zwischen Kaiser Wu von Han und dem Römischen Reich führen zur offiziellen Eröffnung der Seidenstraße. Die Römer lieben Seide. In jenen Tagen beginnt vermutlich die Globalisierung der Mode.

**200 v. Chr.:** Beginn eines frühen Nachrichtenverkehrs zwischen China und dem griechisch-baktrischen Königreich, der möglicherweise auf einen kulturellen Austausch in Kunst und Technik zurückzuführen ist. Auf den großen Umfang des Handels und des Kulturaustauschs ist durch Belegstücke hellenischer Schriftsprache aus jener Epoche zu schließen, die auf dem ältesten buddhistischen Tempel im japanischen Nara entdeckt wurden.

**138 v. Chr.:** Zhang Qian wird von Kaiser Wu von Han in die westlichen Regionen entsandt, um ein Abkommen mit den Yuezhi aus-

*Chronik der Seidenstraße*

zuhandeln. Die Mission gewährt Einblicke in Geografie, Produkte und Sitten, wie sie dem chinesischen Volk bis dahin fremd sind. Außerdem zeigt die Reise eine Möglichkeit zum sicheren Reisen zwischen Ost und West auf. Dies gilt als Grundstein der Seidenstraße.

**129 v. Chr.:** Die Parther, ein iranisches Herrschergeschlecht, erobern Mesopotamien. So werden sie die neuen Mittelsmänner für den Handel zwischen China und dem Römischen Reich.

**25 v. Chr.–235 n. Chr.:** In Anatolien (Kleinasien) werden fünf römische Provinzen gegründet. In der Folge werden zahlreiche Straßen als Verbindungen zwischen den Städten im Hochland und der anatolischen Küste gebaut. Gedacht für militärische Zwecke, entwickeln sich die neuen Straßen zu wertvollen neuen Kommunikations- und Handelswegen.

**100:** Dank der symbiotischen Handelsbeziehungen zwischen den mächtigen Reichen Roms, der Parther und Chinas und aufgrund der Nachfrage nach Seide, Tee und anderen kostbaren Gütern im Römischen Imperium ist die Seidenstraße inzwischen das wichtigste Handelsnetzwerk und diktiert die Wirtschaftsordnung jener Zeit.

**166:** Erster direkter Kontakt zwischen China und Rom. Der römische Kaiser Marc Aurel entsendet den ersten römischen Diplomaten nach China.

**399–414:** Der chinesische Mönch Faxian reist zu Fuß von China nach Indien und zurück und begründet so eine neue Ära des regen kulturellen und philosophischen Austauschs zwischen Indien und China.

**552:** Der Anfang der byzantinischen Seidenindustrie und das Ende des von den Chinesen gehaltenen Seidenmonopols lösen einen internationalen Handelswettstreit aus.

**201**

*Chronik der Seidenstraße*

**552–744:** Das Chaganat der Turkvölker wird zur stärksten Kraft in Eurasien und übernimmt die Kontrolle über die produktiven Handelsrouten der Seidenstraße.

**618–907:** Die Ära der *Tang-Dynastie.*

**629–645:** Xuanzang, ein buddhistischer Mönch aus China, unternimmt eine mehr als 16 000 Kilometer lange Pilgerreise, die ihn in einem Zeitraum von 16 Jahren nach Indien und zurück in die Heimat führt. Er reist auf der Nord- und Südroute der Seidenstraße und wird zum berühmtesten Reisenden auf der Seidenstraße. Seine Geschichte wird zur Legende und zum Symbol für die tiefen kulturellen Beziehungen zwischen China und Indien in jener Zeit. Die Dynamik der kulturellen Integration leitet ein neues Zeitalter des philosophischen Diskurses und des Austauschs bei Entdeckungen, Erfindungen und Handel ein.

**635:** Nestorianische Christen gelangen nach China (Nestorianismus nach Nestorius, Patriarch von Konstantinopel, 428–431).

**640–800:** Während der Tang-Dynastie befindet sich die Seidenstraße auf dem Höhepunkt ihres Ruhms. Als Folge ihres Ausbaus und der Öffnung neuer Routen erleben Kultur und Kunst in Süd- und Ostasien eine neue Blütezeit.

**700–800:** Der Handel zwischen Indien und dem Westen nimmt zu, Gewürze werden zum wichtigsten Importartikel aus Indien. Es entbrennt eine Rivalität bezüglich Gewürzen, Seide und anderen Waren. Aufgrund der hohen Nachfrage nach und des Handels mit Gewürzen in dieser Region erlebt die »Gewürzstraße«, die Route von Indien nach Südostasien, einen ungeahnten Aufschwung. Die maritime Seidenstraße reicht jetzt bis zur Swahili-Küste in Ostafrika, Sansibar wird zur Drehscheibe des Handels zwischen Südasien, der Arabischen Halbinsel und Ostafrika.

**1100–1200:** Nach ersten Anfängen in Italien gewinnt die europäische Seidenherstellung zunehmend an Bedeutung.

*Chronik der Seidenstraße*

**ab 1270:** Kublai Khan gründet die *Yuan-Dynastie*. Erneut wird die Seidenstraße zu einem wichtigen Faktor für Transport und Sicherheit, seit die Armee ihre verschiedenen Routen zur Verteidigung des Reichs nutzt. Außerdem erlässt die Dynastie Regeln zur Sicherung und Stabilisierung der Seidenstraße.

**1271–1295:** Gemeinsam mit Vater und Onkel bricht Marco Polo zu einer Reise über die Seidenstraße nach China auf. In China dient Marco Polo 17 Jahre lang als Gesandter Kublai Khans.

**1279:** Die mongolische Invasion Chinas: China wird von Kublai Khan, dem Herrscher des Mongolenreichs, erobert. Erneut wird die Seidenstraße zu einem wichtigen Faktor für Transport und Sicherheit, seit die Armee ihre verschiedenen Routen zur Verteidigung des Reichs nutzt. Außerdem erlässt die mongolische Dynastie Regeln zur Sicherung und Stabilisierung der Seidenstraße. Das Straßensystem wird besonders wichtig, als die Enkel von Dschingis Khan das mongolische Reich unter sich aufteilen und dadurch die Yuan-Dynastie in China, das Mogulreich in Südasien und die Goldene Horde in Russland etablieren. Die Seidenstraße bleibt das Straßen- und Kommunikationsnetzwerk, das sie verbindet.

**1368:** Der Zusammenbruch der Yuan-Dynastie in China markiert den Aufstieg der Ming-Dynastie. Durch diesen Umbruch verliert die Seidenstraße an Bedeutung, da sich der Fokus auf die Landesverteidigung und den Wiederaufbau der Großen Mauer verlagert, die nach der mongolischen Invasion verfallen war.

**1368–1644:** Während der Ming-Dynastie erlebt China eine kulturelle Renaissance, es kommt zu Verfeinerungen bei Porzellanherstellung und Seidenerzeugnissen sowie zu einer Ausweitung des Handels mit besonderer Ausrichtung auf die Seefahrt und die Entwicklung der Dschunke, die als flachbödiges Konstrukt nur schwer kentern kann. Die maritime Seidenstraße steht im Mittelpunkt des Handels. Der Forschungsreisende Zheng He begründet Handelsrouten nach Malaysia und Indonesien. Es kommt zu einer großen Wanderbewegung von Chinesen aus den südlichen Pro-

**203**

*Chronik der Seidenstraße*

vinzen quer durch Südostasien, wo sie Schlüsselfunktionen in der Kontrolle des Handels übernehmen. Mit dem Aufkommen von Kreditbriefen für Waren, die zu begebbaren Handelspapieren werden, entsteht das Bankwesen Der chinesische Handel tritt in ein neues Zeitalter ein.

**1497 und 1521:** Nach Reisen berühmter Seefahrer wie Vasco da Gama und Magellan werden neue Seewege von Europa nach Asien entdeckt. Das ist der Anfang vom Ende des Landweges der Seidenstraße, da Versand und Handel per Schiff die für den Gütertransport benötigte Zeit verkürzen.

**1644–1912:** China wird unter der *Qing-Dynastie* von mandschurischen und mongolischen Familien nach außen hin abgeschottet. Der internationale Handel erleidet in der Folge drastische Einbußen, die maritime Seidenstraße wird aufgegeben, da die chinesische Seefahrt von der europäischen dank technischer Durchbrüche auf dem Gebiet der Navigation und dank hochseetauglicher Schiffe, die eine weitere Verkürzung der Transportzeiten ermöglichen, überholt wird.

**1877:** Der deutsche Geograf Ferdinand von Richthofen prägt den Begriff der »Seidenstraße« und beschreibt damit die Überlandrouten zwischen Ostasien und den westlichen Zivilisationen.

**2010:** Mehrere Staatsoberhäupter unterzeichnen Handelsverträge, die die Seidenstraße durch Straßen- und Schienenwege neu beleben sollen.

**2013:** Chinas Staatspräsident Xi Jinping gibt den Startschuss für die Initiative »Der Wirtschaftsgürtel Seidenstraße und die maritime Seidenstraße des 21. Jahrhunderts«, auch bekannt unter dem Namen BRI.

## Eine zukunftsweisende Analyse

Niedrige Ölpreise erschüttern die Weltwirtschaft. Der renommierte Energieexperte Dieter Helm erklärt, warum diese und besonders technologische Veränderungen unzweifelhaft ankündigen, dass das Zeitalter der fossilen Brennstoffe zu Ende geht. Er weist nach, dass neue Technologien wie die Nanotechnologie die Nachfrage nach Öl, Gas und Kohle unaufhaltsam reduzieren — und dies schneller und effektiver als das in den Entscheidungszentren von Politik und Wirtschaft gedacht wird. Energiekonzerne und Erdöl exportierende Länder werden die Verlierer dieser Entwicklungen sein, während Staaten, die in neue Technologien investieren, als Sieger im geopolitischen Spiel dastehen könnten.

Dieter Helm
BURN OUT
352 Seiten · ISBN 978-3-7844-3426-1

## LANGENMÜLLER

langen-mueller-verlag.de

## Unternehmertum in der Krise?
## „Alte Hasen" vs. New Economy

Generation Y – sind das diese Bedenkenträger mit wenig Biss bei der Berufswahl und ohne Entscheidungsfreude bei der Lebensgestaltung? Zu risikoscheu für eine Start-up-Gründung oder ein Leben als Unternehmer? Katharina de Biasi, selbst Ypsilonerin und leidenschaftliche Betriebswissenschaftlerin, lässt diese Zuschreibungen nicht gelten. Stattdessen geht sie ins Gespräch mit Heinz Dürr, Unternehmer alter Schule mit breitem Erfahrungshorizont, und Daniel Krauss, FlixBus-Mitbegründer und Shootingstar in der Start-up-Szene. Am Ende ist klar, was einen guten Unternehmer ausmacht. Und was ihn tatsächlich zum Weltveränderer werden lässt.

Katharina de Biasi
DIE WELTVERÄNDERER
240 Seiten · ISBN 978-3-7844-3443-8

# LANGENMÜLLER

langen-mueller-verlag.de

## Verblüffende Strategien für mehr Erfolg beruflich und privat

KANN DIE PHYSIK UNS BEIM DENKEN HELFEN? Auf jeden Fall, sagt Physiker Rolf Heilmann. Sie bietet ein ganzes Arsenal an Denkwerkzeugen, um in Beruf und Privatleben besser zurechtzukommen. Wer sich auf diese ungewöhnliche Art zu denken einlässt, ist in der Lage, Zusammenhänge in einem scheinbaren Durcheinander zu erkennen, das Wesentliche zu sehen, Situationen richtig einzuschätzen und sich auch gegen Besserwisser zu behaupten. Mit vielen praktischen Beispielen erläutert der Autor die verschiedenen Arbeits- und Denkmethoden der Physik und zeigt, wie sich diese erfolgreich auf den normalen Alltag übertragen lassen.

Rolf Heilmann
EINE ANLEITUNG ZUM SCHNELLEN DENKEN
224 Seiten · ISBN 978-3-7844-3448-3

## LANGENMÜLLER

langen-mueller-verlag.de